Heinrich Klaus

Mehr Mut zum Reichtum

Heinrich Klaus

Mehr Mut zum Reichtum

Genehmigte Ausgabe für Pro-Talk Verlags-GmbH, Essen

Cover und Layout: KONTUR Medienteam, Pulheim
Fotos: Dr. Heinrich Klaus; Bernard Jèenel; Fotolia, Berlin
Druck: Digitaldruck Wiedemann, Elchingen
Printed in Germany
ISBN: 978-3-939990-05-5

www.pro-talk-verlag.de

Einleitung

Wollen Sie kompetent mit Geld umgehen, Schulden abtragen, finanziell unabhängig werden, Ihre Wunschkarriere anstreben oder einen eigenen Betrieb aufbauen, ohne an Spannungen und Stress zu scheitern?

Informieren Sie sich auf den folgenden Seiten über die vier Schwungräder des Reichtums: die Weisheit, Geld zu verdienen, Die Weisheit Geld auszugeben, die Weisheit, Geld zu sparen und die Weisheit, es zu investieren.

Machen Sie sich vertraut mit dem Prinzip:

„Werde tätig in dem, was dir Spaß macht, und Geld stellt sich ein!"

Lesen Sie, wie Sie Ihr Einkommen erhöhen, wie Sie sich im Umgang mit Geldangelegenheiten entspannen, wie Sie im Überfluss und ohne Schuldgefühl auf diesem Planeten leben können, während Sie gleichzeitig die Bewusstseinszustände beseitigen, die zu Armut und Krankheit führen. Nicht jeder, der Geld hat, ist reich! Nicht jeder, der kein Geld hat, ist arm! Lesen Sie von den vier Ebenen des Reichtums: materiell, emotional, mental und spirituell, und werden Sie mit den Pfaden vertraut, die dahin führen!

Studieren Sie die Stolperdrähte, die die meisten von uns zwischen sich und ihrem Reichtum gespannt halten: Angst vor Erfolg und Angst vor Versagen, negatives Denken, Familiengewohnheiten und der Glaube an Mangel.

Lesen Sie sich in dieses Buch ein. Lassen Sie sich überraschen, herausfordern, stimulieren und zu kritischem Denken anregen, während Sie

Ihre schöpferischen, finanziellen Potentiale entfalten. Lesen Sie gerade dann weiter, wenn das Gesagte Ihren – bisherigen – Glaubenssätzen entgegen läuft und Ihre bisherigen Wertvorstellungen konfrontiert.

Nehmen Sie zum Beispiel das erste der vier Schwungräder, die Weisheit des Geldverdienens: „Der gesamte menschliche Reichtum wird vom menschlichen Verstand geschaffen!" Ohne Vorstellung, ohne herausragende Imagination, gäbe es keine Pläne. Wir würden nichts unternehmen und in die Tat umsetzen, um ein Einkommen zu erzielen.

Die „Weisheit des Geld verdienens" kristallisiert sich – richtig verstanden – für jeden von uns heraus in der Grundformel: „Ich verdiene jetzt ein ausreichendes Einkommen mit angenehmer Tätigkeit, die mir Spaß macht und mich erfüllt!"

Unsere Vorstellungskraft reguliert auch die „Weisheit vom Ausgeben". Sie drückt sich in folgender Grundformel aus: „Ich habe beim Geld ausgeben Spaß und lebe in den Grenzen dessen, was ich mir leisten kann, während ich sie ständig erweitere!"

Wussten Sie, dass Ihr Verstand täglich durchschnittlich 50 000 bewusste Gedanken produziert? Die allerwenigsten davon sind neu, die meisten längst überholt, und ein übergroßer Teil verneinend, voll Furcht oder vernichtender Kritik.

Kann ich Sie zum Mitmachen begeistern, den Speicher Ihres Verstandes zu entrümpeln, bis Sie wieder Meister(in) im eigenen Haus werden und bestimmen, was, wann, wo gedacht und geplant wird?

Viel Freude beim Lesen meines Buches,
Ihr Heinrich Klaus

Gedanken schaffen Reichtum

Was schafft Geld? – Harte Arbeit, Cleverness, glückliche Umstände, Erbschaften, lohnende Investitionen oder gar Betrügerei? Die Antwort habe ich eingangs bereits erwähnt und sie ist wichtig genug, um hier wiederholt zu werden: Der gesamte menschliche Reichtum wird vom menschlichen Verstand geschaffen!

„Finanzielle Probleme werden nicht durch Geld gelöst, sondern durch Imagination!"
Phil Laut

So malt zum Beispiel mein Verstand zunächst einmal ein Bild von dem Ding, das ich anfertigen möchte. Ich sehe vor meinem „inneren Auge" den Stuhl, den ich produzieren will, entwickle einen Plan, zeichne ihn aufs Reißbrett, dann zimmere und verkaufe ich den fertigen Stuhl. Die Energie des Verstandes hat sich nach vielerlei Prozessen schließlich in Materie umgewandelt. Die Gedanken schlagen sich in einem sichtbaren und (an)fassbaren Ausdruck nieder: Geld!

Es kommt also auf die Qualität Ihrer Gedanken an, unter welchen Umständen und wie viel Geld Sie sich schaffen! Je nachdem, welche Gedanken Sie bevorzugt denken, werden Sie entweder Ihr Geld mit größter Mühe und Entbehrungen zusammen schuften (und dann sehr wahrscheinlich bald wieder verlieren) oder aber Sie verdienen es fast mühelos und haben dabei eine erfreuliche und zufrieden stellende Zeit.

Robert glaubt durch seine strikte Erziehung, nur wer im Schweiße seines Angesichts sein Geld verdient, ist auch wert, es zu bekommen. Sein Leben ist eine Kette von knochenbrechenden Anstrengungen, Enttäuschungen und Stress. Herbert dagegen hat sich von solchen Überzeugungen gelöst und sie durch die folgenden motivierenden Bekräftigungen ersetzt:

- *Ich bin es wert, wohlhabend zu sein und im Überfluss zu leben!*
- *Ich bin es wert, gut bezahlt zu werden!*
- *Ich kann akzeptieren, für mein Vergnügen bezahlt zu werden!*
- *Ich lasse jetzt das Gute in mein Leben hinein!*
- *Geld kommt leicht zu mir und fließt reichlich durch mein Leben!*

Herberts Leben ist angenehm und zufrieden stellend geworden, seit er seine Überzeugungen umgekrempelt hat. Er gebraucht seinen unerschöpflichen Verstand, um sich seinen Reichtum zu erschließen.

Ein Teil Ihres Verstandes ist tatsächlich unerschöpflich und unendlich. Es ist Ihr Verstand, in dem Erdenleben und Ewigkeit sich treffen, wo Himmel und Erde ineinander übergehen und wo Universum und Mensch sich überlappen.

Die Energievorräte des Kosmos sind unauslotbar groß. Sie und ich haben ein Anrecht auf unseren Anteil an dieser Energie. Nur Überzeugungen wie „Ich bin es nicht wert", „Es ist nicht genug für alle da", hindern uns daran, unser Stück aus dem kosmischen Kuchen zu fordern, es anzunehmen, uns daran zu freuen und es mit anderen zu teilen.

Bekräftigen Sie die Überzeugungen, dass Sie Ihren Überfluss und Reichtum verdienen:

- *Es ist genug für uns alle da!*
- *Als Teil des Universums nehme ich Anteil an seinem „universellen Überfluss"!*
- *Die Vorräte des Universums können gerecht verteilt werden und ich mache den Anfang, meinen Anteil zu akzeptieren!*

Verdienen – mit der höchsten Gewinnspanne!

Es ist Ihnen wahrscheinlich schon aufgefallen, dass körperliche Arbeit kaum jemals jemanden reich gemacht hat. Der Bergmann, der unter Tage sein Leben aufs Spiel setzt und schwer schuftet, verdient genug, um seine Rechnungen zu bezahlen und sich eine Reise und ein paar Konsumgüter zu leisten. Er macht eigentlich keinen Gewinn, sondern gibt das Verdiente im Austausch für Lebensnotwendigkeiten wieder her.

Körperliche Arbeit auf physikalisch-materieller Ebene ist lediglich Austausch, um zu überleben. Wir Menschen existieren jedoch noch auf mindestens drei weiteren Ebenen. Über diese Ebenen wird in unserer Gesellschaft nicht viel gesprochen und schon gar nicht im Zusammenhang mit Geld.

Während meines Medizinstudiums lernte ich im Anatomiekurs den menschlichen Körper auf der physikalischen Ebene kennen, indem ich Leichen sezierte; so wurde ich vertraut mit der *physikalischen Anatomie*. Im Umgang mit Patienten entdeckte ich, wie sehr Gefühle den Verlauf einer Krankheit beeinflussen; so lernte ich über die *emotionelle Anatomie*. Menschen haben nicht nur ein Knochengerippe, sondern auch so etwas wie ein „emotionales Gerippe". So nenne ich die Gefühlsstrukturen, die uns Menschen entweder hindern oder motivieren. Damit nicht genug. Ich studierte Psychologie und wurde vertraut mit der Funktionsweise unseres Gehirns, seiner Gedanken und Überzeugungsstrukturen. So wurde ich bekannt mit der *mentalen Anatomie*. Da Psychologie über sich selbst hinausweist, studierte ich schließlich verschiedene Weltanschauungen und religiöse Glaubensrichtungen in West und Ost und erfuhr eine weitere menschliche Ebene, die der *spirituellen Anatomie*.

Von jeder dieser vier Ebenen aus lässt sich Geld verdienen. Dabei zeigen die verschiedenen Ebenen unterschiedliche Gewinnspannen. Auf der Ebene der emotionellen Welt – als Filmstar, Schauspieler, Sänger etc. – lassen sich oft große Summen in kuzer Zeit verdienen. Die Gewinne scheinen aber meist nur von kurzer Dauer zu sein. Das hier verdiente

Geld ist flüchtig. Von 10 amerikanischen Popsängern, die vor 10 Jahren eine goldene Schallplatte produzierten, sind nur noch zwei finanziell gut gestellt. Dagegen sind Gewinne seitens der mentalen Ebene häufig lohnend und beträchtlich. Die berühmte „Millionen-Dollar-Idee", das wohl geplante und wohl abgewogene Investment und die Fusion zweier ursprünglich konkurrierender Betriebe gehören in diesen Bereich. Die Gewinne der mentalen Ebene haben jedoch das Geschäftsleben in schweren Verruf gebracht. Rücksichtsloser Konkurrenzkampf, Halsabschneiderei, Spekulation, Betrügerei und finanzielle Fehden brechen regelmäßig dann aus, wenn der Verstand sich selbst überlassen bleibt. Der Verstand folgt den Befehlen von „mehr, besser und schneller" auf Kosten anderer so bereitwillig, dass er wiederholt verderbliche Kreisläufe in Gang gesetzt hat. In den beiden letzten Weltkriegen z. B. kämpften konkurrierende Nationen u.a. um Rohstoffe und Absatzmärkte. Krieg als „Fortsetzung von Konkurrenz mit anderen Mitteln."

Gewinne aus Unternehmungen dagegen, die den Stempel der spirituellen Ebene tragen, bringen lang dauernde und wohl abgewogene Früchte. Wer Produkte und Dienstleistungen anbietet, ohne die universalen Gesetze zu verletzen (z. B. Partner übervorteilt; die Natur zerstört etc.) schafft keine Gegenkräfte, die die Früchte seiner Arbeit schließlich wieder vernichten. Wenn Ihre spirituelle Ebene die Leitung innehat, den moralischen Rahmen setzt und das „Allgemeininteresse" im Auge hält, werden sich Profite einstellen, die Sie lange genießen können. Dabei ist es dann egal, ob Sie Ihre Gewinne mit körperlicher Arbeit, über die emotionelle oder mentale Ebene verdienen. Was immer Sie anpacken, es wird Segen auf Ihrer Arbeit liegen! „Wenn es der siebten Generation meiner Kinder und Kindeskinder nutzt, ist es gut", sagen die Indianer Nordamerikas, wenn sie zwischen „Gut" und „Schlecht" urteilen. Bäume pflanzen ist „gut"; zu viele Bäume umhacken „schlecht".

- *Ich führe meine Geschäfte in Harmonie und Kooperation mit meinen höchsten Qualitäten und den Gesetzen des Universums!*
- *Mein physikalischer, emotionaler und mentaler Körper sind vereint und stehen unter Leitung meiner höchsten Ebene!*
- *Ich vergebe mir selbst für alle Gelegenheiten, in denen ich Geld unklug gebraucht habe!*
- *Von jetzt an ist Geld mein Freund!*

Verkaufen contra Ausverkaufen?

Reagieren Sie auch so verlegen und verzagt wie ich, wenn Sie etwas verkaufen sollen? In meiner Schulzeit wurden wir Schüler oft losgeschickt, um Lose oder Anstecknadeln für den Schulball von Tür zu Tür zu verkaufen. Ich war schon schamrot, wenn ich die Türklingel drückte und manchmal bin ich weggelaufen, wenn sich die Tür schließlich öffnete. Ich habe mir später in meiner Studentenzeit das Verkaufen bewusst beibringen müssen.

*„Der erste Schritt, mehr Geld zu verdienen:
Verkaufe dich erfolgreich an dich selbst!"*

Wenn Sie Geld verdienen wollen, ganz gleich ob als Angestellter oder Freiberufler, müssen Sie sich verkaufen! Als Angestellter verkaufen Sie Ihre Zeit, Ausbildung, Arbeitskraft und Ideenreichtum an einen Kunden, Ihren Arbeitgeber. Als Freiberufler verkaufen Sie sich dagegen an mehrere

Kunden, die Ihre Produkte oder Dienste in Anspruch nehmen. Sie sind ein(e) Geschäftsmann/Geschäftsfrau und verkaufen von dem Moment an, wo Sie an einem (Geld-) Austausch teilnehmen.

Denken Sie jetzt nach: Verkaufen Sie sich erfolgreich? Unterverkaufen oder ausverkaufen Sie sich? Muhammed Ali, „The Greatest", war nicht nur ein großartiger Boxer, sondern auch ein großer Verkäufer. Vom Moment an, wo er den Ring betrat, verkaufte er sich an sich selbst, überzeugte sich selbst von seinen Qualitäten und seinem Wert und steigerte sich selbst in seine Gefühle von Unschlagbarkeit. Publikum und Presse reagierten nicht unbedingt freundlich auf seine Selbstverkaufsmethode. Beim zweiten Kampf gegen Sonny Liston unterließ er seinen Verkaufsschlager und … verlor prompt seinen Titel.

Wenn Sie ein Geschäft beginnen, sich für eine Stelle bewerben oder um eine Gehaltserhöhung anfragen und dabei innerlich voller Selbstzweifel sind, werden Sie sich in 99 von 100 Fällen unterverkaufen oder gar ausverkaufen. Es ist nicht so sehr Ihr Wissen über Geldangelegenheiten, das Ihnen Geld einbringt, sondern gediegene Selbstkenntnis und ein gutes Selbstwertgefühl! Das Wertvollste, das Sie anbieten und verkaufen, ist Wert. Alle erfolgreichen Verkäufer fügen Ihrer Ware oder Dienstleistung ein Element hinzu: Wert!

Ich kaufte meine Lederjacke nicht nur, weil mir der Stil gefällt, sondern hauptsächlich, weil die Verkäuferin mir mit der passenden Größe, der richtigen Farbe und den Reinigungsvorschriften behilflich war. Ich wähle meine Angestellten nicht so sehr nach ihren Zeugnissen und Vorkenntnissen aus, sondern ob ich Spaß habe, mit ihnen zu arbeiten, ihnen in Krisensituationen vertrauen kann und ob sie mit mir mitdenken und meine Geschäftsideen stimulieren. In beiden Fällen wird mir Wert hinzugefügt und ich fühle mich besser mit mir selbst.

Wie Sie die Position bekommen, die Sie sich wünschen!

Acht Schritte zu Traumposition und gutem Einkommen:
Wenn Sie beschlossen haben, für eine Firma zu arbeiten, schlage ich Ihnen vor, die folgende Vorgehensweise auszuprobieren. Sie werden sehr wahrscheinlich genau die Position bekommen, die Sie sich wünschen.

1. Wählen Sie Ihre bevorzugte Methode, sich zu entspannen (Spaziergang, warmes Bad, Meditation etc.) und malen Sie sich aus, in welcher Art von Arbeit Sie sich zufriedengestellt fühlen. Schreiben Sie Ihre Ideen und Vorstellungen nieder; malen Sie ein Bild oder machen Sie eine Collage von der angestrebten Situation. Entscheiden Sie sich jetzt und legen sich damit auf die am meisten gewünschte Vorstellung fest.
2. Sehen und hören Sie sich nach einer Firma um, die für Sie in Frage kommen würde. Bringen Sie in Erfahrung, ob der Betrieb auf moderne Weise geführt wird oder eher einer schlecht funktionierenden Familie gleicht, wo Mama und Papa die Kinder umherscheuchen und klein halten. Sie wollen nicht, dass Ihre neue Beschäftigung die Fortsetzung Ihrer Kindheit mit anderen Mitteln bedeutet.
3. Haben Sie sich vom gesunden Betriebsklima überzeugt, studieren Sie Ihren zukünftigen Arbeitgeber. Untersuchen Sie die Firmenpolitik, Gewinne, Wachstum, Exportchancen etc.
4. Fragen Sie sich nach gründlicher Selbstanalyse ab: „Was kann ich diesem Betrieb anbieten und welche Qualitäten und neuen Werte kann ich liefern?"
5. Versuchen Sie erst gar nicht, sich um einen der üblichen Jobs zu bewerben. Konzentrieren Sie sich darauf, wie Sie der Firma Wert hinzufügen können.
6. Formulieren Sie Ihre Vorstellungen schriftlich und präsentieren Sie einen Plan (lassen Sie sich dabei, wenn nötig, sachkundig helfen).
7. Präsentieren Sie sich und den Plan nur der Person, die die nötige Entscheidungsgewalt hat, Sie einzustellen.
8. Verhandeln Sie bereits vor der Einstellung gewandt, aber bestimmt über Gehalt und Gewinnbeteiligung, ohne sich durch Versprechun-

gen vertrösten zu lassen. Fordern Sie, was Sie sich wünschen und nicht das, was Ihnen „von Rechts wegen" zusteht. Wagen Sie es, so genannte „ungewöhnliche Bedingungen" zu stellen.

Übung

In der Firma vorwärtskommen und über Gehaltserhöhung verhandeln

1. Entspannen Sie sich mit Hilfe Ihrer bevorzugten Methode und finden Sie mindestens 10 Punkte, mit denen Sie dazu beitragen könnten, Ihre Abteilung oder Ihre Arbeit schneller, interessanter und gewinnbringender zu gestalten.
2. Probieren Sie diese Vorschläge eine Weile aus, ohne sie – wenn möglich – bekannt zu machen.
3. Arbeiten Sie einen Plan aus und legen Sie Ihre Ideen schriftlich nieder.
4. Gehen Sie nur zu der Person, die genug Entscheidungsgewalt hat, um Sie dafür zu bezahlen. Sagen Sie: „Ich habe 10 Vorschläge, meine Arbeit produktiver und kostensparender laufen zu lassen. Meine Ideen fügen den Gewinnen … € hinzu. Wenn Sie bereit sind, den Wert meines Gehalts um …% zu erhöhen, bin ich bereit, die neuen Pläne und meine damit bereits gemachten Erfahrungen mit Ihnen zu teilen."

Rainer fasst die Vorgehensweise folgendermaßen zusammen: „Bevor ich über meine Gehaltserhöhung verhandle, biete ich etwas zum Tausch an, das ich aber nicht weggebe, bevor ich einen guten Preis dafür erzielt habe."

Lassen Sie sich überbezahlen!

„Ich habe keine Schwierigkeiten bei dem Gedanken, mich überbezahlen zu lassen", fährt Rainer fort. „Ich habe mich selbst davon überzeugt, wie wertvoll mein Beitrag für die Firma ist und wie viel Wert meine Anwesenheit und meine Ideen schaffen. Früher habe ich aus falscher Bescheidenheit die Festsetzung meines Gehaltes meinen Vorgesetzten überlassen. Die wollen doch selber nur bei Ihren eigenen Vorgesetzten Eindruck schinden, für welch geringe Kosten sie die Abteilung leiten. Je weniger die mir auszahlen, desto schneller werden sie befördert. Nein danke, da setze ich meinen eigenen Wert lieber selbst fest." Die folgenden Bekräftigungen haben Rainer geholfen, seine Position erfolgreich zu behaupten:

- *Der Wert meiner Arbeit nimmt täglich in meinen und den Augen meiner Mitarbeiter und Vorgesetzten zu!*
- *Ich finde es selbstverständlich überbezahlt zu werden und akzeptiere es!*
- *In tiefer Dankbarkeit erkenne ich, dass meine Vorstellungskraft und Kreativität mich mit einem endlosen Strom von Ideen versorgt, um mein Einkommen zu erhöhen!*
- *Während ich mein Einkommen erhöhe, schaffe ich zahllose Gelegenheiten, den Wert anderer zu steigern!*

Wollen Sie angestellt oder freiberuflich Geld verdienen?

Manche von Ihnen stehen vor der Entscheidung, Ihr abhängiges Angestelltendasein aufzugeben, ohne jedoch recht zu wissen, womit oder wie Sie Ihr Geld verdienen wollen. Gebrauchen Sie Ihre Vorstellungskraft bei der folgenden Übung auf sehr praktische Weise: Machen Sie das, was Ihnen Freude und Erfüllung bringt, zu Ihrem Beruf und verdienen Sie auch noch Geld damit!

Übung

1. Nehmen Sie sich Zeit und bringen Sie sich in eine frohe, erwartungsvolle Stimmung. Schreiben Sie 10 Dinge nieder, die Ihnen das größte Vergnügen bereiten.
2. Wählen Sie nun aus diesen zehn Dingen dasjenige aus, für das Sie bereit sind, Geld zu empfangen.
3. Fertigen Sie eine weitere Liste an und malen Sie sich 10 Wege aus, Ihr Vergnügen zu einem Produkt oder einer Dienstleistung zu vermarkten.
4. Legen Sie sich auf eine der zehn genannten Möglichkeiten fest, die die meisten Chancen hat, zum Verkaufsschlager zu werden. Was Sie vor sich sehen, ist Ihre Lieblingsmethode Geld zu verdienen.
5. Zählen Sie nun in einer dritten Liste 10 Dinge auf, die Sie bereit sind zu tun, um Ihre Lieblingsidee zu praktischem Erfolg zu führen.
6. Achtung! Bis hierher war alles einfach, denn Sie brauchten nur zu denken. Sind Sie jedoch wirklich bereit und wollen Sie riskieren, Ihre Idee in die Tat umzusetzen? Schritt Nr. 6 ist der Test für Ihre Entschlossenheit: Sind Sie bereit, Ihre Idee praktisch auszuprobieren, bis Sie die ersten 100 € damit verdient haben?
7. Falls Sie laut und deutlich „Ja" gesagt haben, beginnen Sie auf der Stelle zu planen: Was benötigen Sie? Kaufen Sie Materialien, Werkzeug, besorgen Sie sich eine Werkstatt oder ein Büro, Telefon, Visitenkarten, Verkaufsstellen, Versand, etc. Haben Sie dagegen ein „Nein" gehört, dann gehen Sie zurück zu Schritt 2, 3 oder 4 und beginnen Sie erneut.

In dieser Übung soll Ihr Unterbewusstsein die Wahl Ihrer nächsten Karriere treffen. In den meisten Fällen wählt unser Bewusstsein unseren Broterwerb. Es verhält sich zum Unterbewusstsein wie der Leithund (Topdog) zum Pinscher (Underdog). Das stimmschwache Unterbewusstsein wird vom Leithund herumgescheucht und genötigt, jenen Beruf zu ergreifen, den der Leithund für „vernünftig" hält. In dieser Übung soll der kleine Pinscher endlich zu Wort kommen. Das Unterbewusstsein will ernst genommen werden, besonders weil es wirklich gute Berufsideen hat, die Freude und Erfüllung bringen. Da es so häufig vom Leithund (der auf die Stimmen unserer Eltern, Lehrer und religiösen Erzieher gedrillt ist) herumgestoßen wird, reagiert es mit der Waffe des Schwächeren: Obstruktion, Sabotage und passive Aggression. In dieser Übung soll das Tiefenbewusstsein die Leitung bekommen und sich mit dem Bewusstsein vereinigen. Das Bewusstsein soll dann die Details ausarbeiten!

Suchen Sie entweder Ihr gelungenstes Kinderfoto heraus oder finden Sie sonstwie ein geeignetes Symbol für Ihren Underdog (unverdorbene und unverbrauchte Vorbilder von Jugendlichkeit aus Büchern oder Illustrierten). Umgeben Sie sich damit, wenn Sie über die nächsten beruflichen Schritte entscheiden wollen.

Ich und mein tieferes Bewusstsein sind auf dem richtigen Weg.

Als Bekräftigung fordere ich Sie auf, sich einen Termin zu setzen: „Bis zum Ende dieser … (Woche, Monat, Quartal) will ich meinen ersten Euro verdient haben!"

Schreiben Sie diese Bekräftigung nieder und hängen Sie das Stück Papier an Ihren Kühlschrank, Badezimmerspiegel, Armaturenbrett, etc., wo Sie ständig daran erinnert werden. Ändern Sie den Termin nur, wenn es absolut unabdingbar scheint. Loben Sie sich täglich, weil Sie endlich das tun, was Sie schon immer wollten!

So blüht Ihr eigener Betrieb!

Nur 10 % der amerikanischen Millionäre sind noch angestellt. Die übrigen 90 % arbeiteten früher mehr oder minder in einem Betrieb. Dort lernten sie das Rüstzeug, das ihnen jetzt von großem Nutzen ist: Kooperation mit anderen, Zeit- und Geldeinteilung, Geschäftssinn etc. Zunächst überlegen Sie einmal, ob das Produkt, das Sie anbieten wollen, eine Ware ist, deren Zeit gekommen ist oder nicht? Als ein Malermeister aus dem Kino kam, wo er gerade den Film „STARWARS" gesehen hatte, bastelte er sich aus Taschenlampe, Plastikröhre und fluoreszierender Farbe Luke Skywalkers Schwert. Mit 5000 € Startkapital patentierte und produzierte er sich ein Vermögen zusammen!

Sparen Sie sich Zeit und Mühe, eine Ware an den Mann zu bringen, deren Zeit kam und ging. Seien Sie vorsichtig ein Produkt anzubieten, dessen Zeit noch lange nicht gekommen ist.

Seien Sie flexibel! Eine Umfrage unter amerikanischen Millionären ergab, dass sie durchschnittlich 19 verschiedene Firmen aufgebaut hatten, bevor sie das große Rennen machten. Haben Sie Geduld, und seien Sie bereit, Lehrgeld zu zahlen.

12 Meilensteine zum erfolgreichen Unternehmer

Bevor Sie einen Betrieb aufbauen, formulieren Sie:

Ihre persönliche Absicht, Ihre Werte und Ziele:
Persönliche, private Absicht: Welche Erwartungen haben Sie selbst an das Unternehmen? Sie werden dann am erfolgreichsten sein, wenn Sie alle vier Aspekte Ihrer Persönlichkeit berücksichtigen:

- materiell: Geld, finanzielle Unabhängigkeit, Kapital für andere, größere Unternehmen, Geld für Haus und Jacht, Autos und Schmuck?

- emotionell: Gesellschaft und Freundschaft, Achtung, Liebe, Bewunderung, Neid, Abenteuer, Nervenkitzel?
- mental: sozialer Aufstieg, politische Hebelwirkung, Macht, Kontrolle, sich selbst etwas beweisen zu können oder es jemand Anderem beweisen zu wollen?
- spirituell: spirituelle Freiheit, Fortschritt der Menschheit, umweltfreundliche Produkte, soziale menschliche Arbeitsbedingungen, Krankheit und Hunger beseitigen zu helfen, Sinn?

Definieren Sie dann die Werte, auf die Sie bauen wollen und die Ihnen wie Leitplanken helfen sollen, Ihre Absicht zu verwirklichen.

Hier einige Beispiele für solche Werte: Ehrlichkeit, Integrität, Liebe, Unabhängigkeit, Freiheit, Kreativität, Reichtum, Großzügigkeit, Weitblick, Gesundheit, Kompetenz, Meisterschaft, Autorität, Macht, Humor, etc.

Werte sind wie Sterne, nach denen Sie Ihren Kurs bestimmen.

Übung

1. Fertigen Sie bitte eine Liste mit allen Werten an, die für Sie persönlich wichtig sind.
2. Setzen Sie Prioritäten: Nummerieren Sie die Werte nach der Wichtigkeit, die Sie ihnen beimessen.
3. Falls Sie im Zweifel sind, welcher der Werte Ihre Liste anführen soll (z. B. Freiheit oder Sicherheit), machen Sie folgenden Test: Lesen Sie den nächsten Satz laut vor und füllen Sie den freigelassenen Raum mit Ihren Begriffen spontan aus: „Mein Verhalten zeigt, dass ich .... mehr wert schätze als ....“

Werte bestimmen Ihre Motivation.

Wollen Sie sich selbstständig machen, aber Ihre höchste Priorität ist Sicherheit und nicht Freiheit, dann mag das erklären, warum Ihnen der Übergang schwer fällt. Räumen Sie den Werten Priorität ein, die mit Ihren Zielen in Einklang stehen!

Sie können Ihre – im Tiefenbewusstsein festgelegte – Werteskala verändern, indem Sie die neuen, gewünschten Werte häufig bekräftigen: „Von heute an ist mein höchster Wert Freiheit. Freiheit fasziniert mich, Freiheit ruft nach mir, etc."

Sie haben Ihre Absicht und Ihre Werte festgelegt und sind nun vorbereitet, Ihr Ziel zu formulieren. Als Ziel definieren Sie einen Punkt in der Zukunft, als gingen Sie auf eine Reise. Legen Sie sich auf das Ziel fest, das Sie erreichen wollen. Sigrid hat große Widerstände, sich auf ein Ziel festzulegen, weil sie sich dann genötigt und gezwungen fühlt, das Ziel auch zu erreichen. Sie fürchtet, sie würde sich als Verlierer oder Versager aburteilen, wenn sie nicht ankäme. Lieber arbeitet sie vor sich hin und führt ihren Töpferladen von einem Tag auf den anderen. Im „Mut zum Reichtum"-Seminar erfuhr sie jedoch, dass ein Ziel nicht gesteckt wird, um es zu erreichen!

Ziele messen Fortschritt!

Nehmen wir an, Sigrids Umsatz betrug im letzten Jahr 50 000 € und sie will ihn im folgenden Jahr auf 70 000 € steigern. Am Ende des Jahres hat sie 77 000 € erwirtschaftet und kann damit stolz auf 10 % Steigerung blicken. Das Ziel gibt ihr Feedback, ob sie sich in eine gute Richtung bewegt und mit welchem Tempo. Hinkt sie zu stark hinterher: Neubesinnung!

Ziele weisen dem Fort-Schritt die Richtung!

Seit Sigrid sich Ziele setzt, bestimmt sie die Richtung, in die sie gehen will. Nun kann sie Schritt für Schritt die Entfernung überbrücken. Will sie die extra 2 000 € damit verdienen, dass sie 500 Vasen mehr produziert, so muss sie mehr Ton und Glasur einkaufen, eine zweite Kraft einstellen, die ihr beim Brennen hilft, etc.

Das Ziel erschafft den Plan!

Seit Sigrid ihr Ziel vor Augen hat, ergeben sich die nötigen Schritte wie von selbst. Jede Stufe baut auf der vorhergehenden auf. Das Ziel erreicht sich selbst.

Übung

1. Absicht, Werte, Ziele und Pläne
   Nehmen Sie sich einen ganzen Nachmittag Zeit, um Ihre Absicht, Werte, Ziele und Pläne zu konzipieren.
2. Lernen Sie Mitarbeiter zu leiten und zu managen
   Falls Sie alles selber tun wollen, begrenzen Sie Ihr Unternehmen auf einen Ein-Mann-Betrieb. Lernen und wagen Sie zu delegieren! Motivieren Sie Ihre Mitarbeiter und lernen Sie zu managen, indem Sie ihnen Anerkennung zuteil werden lassen.
   Anfänglich versuchte ich meinen Mitarbeiter Ron zu nötigen, es genauso zu machen wie ich, wenn ich ihm eine Aufgabe zudelegierte. Ich machte ihm ständig „hilfreiche" Vorschläge und Vorschriften oder kritisierte ihn, bis er total die Lust an seiner Arbeit verlor. Schließlich erkannte ich: Ron arbeitet am Besten unter Druck und erledigt alles in der letzten Minute. Er kann jedoch ausgezeichnete Ergebnisse vorweisen. Ich brauche ihm nur mitzuteilen, was zu geschehen hat und überlasse das Wie ganz seiner Vorstellung. Ich lasse ihn jetzt deutlich spüren, dass ich ihm vertraue und zeige ihm meine Wertschätzung.
   Beziehen Sie Ihre Mitarbeiter mit ein, wenn Sie Ihre Absicht, Werte und Ziele formulieren und schaffen Sie so eine gemeinsame Grundlage, untereinander und für den Betrieb. Denn Geld ist nicht genug, um Ihre Mitarbeiter zu motivieren!
3. Machen Sie sich mit Buchführung vertraut
   Selbst wenn Zahlen und Summen nicht Ihre Stärke sind, brauchen Sie ein Basiswissen in Buchführung, dem ABC des Geschäftslebens.
4. Genießen Sie Ihre Unabhängigkeit
   In Ihrem eigenen Betrieb passt niemand auf Sie auf, niemand achtet auf Ihre Pünktlichkeit oder mahnt Sie zur Ordnung. Genießen Sie diese Unabhängigkeit und bringen Sie sich selbst Zeitplanung und Verantwortlichkeit bei. Will hat ein Schild in seiner Werkstatt: „Deine Mutter arbeitet hier nicht mehr! Räume deine Klamotten selber auf!"

5. Lernen Sie die Kunst des Verkaufens
   Als Angestellter hatten Sie nur einen Kunden: Ihren Arbeitgeber. Als Freiberufler leben Sie davon, sich an jeden Kunden zu verkaufen. Ihre persönlichen Qualitäten führen dem Produkt den Wert hinzu, den der Kunde begehrenswert findet. Dann erst wird der Kunde zum Käufer.
   Ihre positive Lebenseinstellung, Freundlichkeit, Ihr Interesse an dem Kunden als Person, das sich darin zeigt, auch in Lebensfragen, die nicht direkt mit dem Kauf zu tun haben, zu helfen, und damit zu einer persönlichen Beziehung und Erhöhung seines Selbstwertgefühls beizutragen, machen Sie erfolgreich.

   Gute Gefühle sind der beste Verkäufer!

   „Teile deine Werte freizügig mit, Überfluss wird der Dank sein!" Erinnern Sie sich daran, dass Verkaufen eine Zwillingsbeschäftigung ist: Sie verkaufen sich gleichzeitig erst an sich selbst und dann an den Kunden.
   Lernen Sie verkaufen durch tägliche Praxis: Christine trug ständig einen Vorrat an Spülbürsten mit sich herum, bei denen man das Spülmittel in den Stil füllt. Dieses praktische Ding, so fand sie, gehöre in jeden anständigen Haushalt. Sie kaufte ein Dutzend davon im Großhandel und verkaufte sie zum Ladenpreis an Freunde, Bekannte und wer immer ihr in die Arme lief. Gleichzeitig trainierte sie damit ihren Verkaufsmuskel.
   Hier ein Vorschlag, Ihr Verkaufsbewusstsein zu entwickeln: Kaufen Sie einen nicht allzu teuren Artikel, von dem Sie begeistert sind zum Großhandelspreis ein (1-5 €). Tragen Sie ihn ständig mit sich herum, während Sie sich innerlich verpflichten, eine bestimmte Menge (pro Tag oder pro Woche) zu verkaufen. Stellt sich Erfolg und Spaß ein, dann schreiten Sie zur nächst höheren Ebene und kaufen/verkaufen einen teureren Artikel (10-20 €).
6. In der Initiative bleiben
   Seit Sie nicht mehr angestellt sind, müssen Sie für sich selbst denken und handeln. Entwickeln Sie einen sechsten Sinn für Geschäftsmöglichkeiten und ergreifen Sie sie!

Im amerikanischen Geschäftsleben hat sich ein Ausdruck aus dem Surfen eingebürgert: *„Riding the leading edge of the wave. – Auf der Krone der Welle reiten."*

7. Zahlen Sie sich selbst ein Gehalt
   Es ist unter Ihrer Würde, Geld aus der Kasse zu nehmen oder vom Geschäftskonto abzuheben, wenn Sie Lebensmittel einkaufen gehen? Zahlen Sie sich selbst ein (fürstliches) Gehalt aus! Sie sind nicht der Sklave Ihres Betriebes. Sie bauen einen Betrieb auf, um sich von ihm bedienen zu lassen! Ihr Betrieb kanalisiert einen Teil des universellen Reichtums in Ihre Taschen.
8. Freiberuflich? Finanziell sehr sicher!
   Glauben Sie dem Märchen nicht, Großbetriebe seien gegen monetäre Krisen gefeit und daher sicherere Arbeitgeber als kleinere Betriebe und freie Berufe. Großbetriebe reagieren spröde auf finanzielle Krisen und sind bekannt dafür, Mitarbeiter zu entlassen, Kurzarbeit anzuordnen oder Gehälter einzufrieren. Durch Anpassungsfähigkeit, Flexibilität und Ideenreichtum können Sie dort finanziell manövrierfähig bleiben, wo die „großen Pötte" auf Grund laufen. Ihre Bereitschaft zum Umdenken, schnell zu handeln und Ihre unerschöpfliche Imagination sind die Quelle Ihrer finanziellen Sicherheit. Außerdem steht Ihnen Ihre spirituelle Zielsetzung als großartiger Alliierter zur Seite.
9. Umgang mit Emotionen lernen
   Es ist nicht wahr, dass es im Geschäftsleben klar und rational zugeht. Gewinnen oder verlieren, verkaufen oder nicht, den Vertrag abschlie-

ßen oder hingehalten werden, das alles stürzt Sie in ein Wechselbad von Emotionen. Da wartet die Angst, Fehler zu machen, die Angst zu versagen, die Angst zu siegen, die Angst abgewiesen zu werden, die Angst vor Betrug und die Angst vor all den Menschen, mit denen Sie es zu tun haben.
Ich habe auf Hawaii wiederholt an einem Training für Geschäftsleute, mit dem Titel „Business and You" teilgenommen (was ich ins Deutsche mit „Du bist dein Betrieb" übertrage). Fünf Tage lang arbeiteten wir in ständig wechselnden kleinen Gruppen daran, unsere Gefühle zu erkennen, und sie angemessen auszudrücken, um danach abzuklären, ob und wie sie aufgenommen wurden. „Du bist dein Betrieb" will sagen: Wenn Sie als Unternehmer ärgerlich, ängstlich, misstrauisch und unehrlich sind, werden auch Ihre Kunden ärgerlich, ängstlich, misstrauisch und unehrlich reagieren. Die Kunden spiegeln genau das wider, was Sie als Betriebsleiter (unbewusst) aussenden. Das gilt auch für Ihre Mitarbeiter.

Sie sind Ihr Geschäft und Ihre Geschäfte sind wie Sie!

Es zahlt sich aus, wenn Sie Seminare und Kurse besuchen, die Sie mit dem nötigen emotionellen Rüstzeug versorgen. Die wirkliche Macht im Verkaufsprozess liegt in den Gefühlen. „Meine Absicht beim Verkauf ist," schreibt Dr. med. Spencer Johnson in „The One Minute Sales Person", (Morrow), „dem Kunden das gewünschte Gefühl zu vermitteln, sowohl über das, was er kauft, als auch über sich selbst." Es zahlt sich für große und kleine Geschäftsleute aus, an Selbsterfahrungsseminaren teilzunehmen. Die Investition, über die eigenen Gefühle und Verhaltensweisen Bescheid zu wissen, ist lohnend, denn sie bleibt immer bei Ihnen.

10. Betriebsbeginn! – Was tun?

Um ins Geschäft zu kommen, können Sie ruhig anfänglich eine festgesetzte Anzahl Ihrer Waren oder Dienstleistungen ohne Bezahlung weggeben. Beschenkte Menschen reagieren dankbar, und Dankbarkeit will helfen und unterstützen. Bitten Sie die Nutznießer, für Sie Reklame zu machen und Ihr Produkt vor anderen zu loben. Fragen Sie jeden Beschenkten, ob er Ihnen mindestens drei Bekannte nennen möchte, die an Ihrem Produkt oder Dienst interessiert sein könnten. Jedes Mal, wenn ich in ein anderes Land oder eine andere Stadt zog, habe ich meine Praxis wieder von vorne aufbauen müssen. Um zu beginnen, vergab ich 10 freie Coaching-Sitzungen. Das Ergebnis: sechs weitere Sitzungen und die Telefonnummern von dreißig potentiellen Klienten. Etwas ohne Bezahlung weggeben, braucht nicht Ihr Verlust zu sein: Sie geben dem Universum einen Vorschuss!

11. „Geld zurück"-Garantie
    Stellen Sie Ihren Kunden in Aussicht, dass sie ihr Geld zurückfordern können, wenn sie mit Ihrem Produkt oder Ihrer Dienstleistung nicht zufrieden sind. Auf diese Weise müssen Sie nie Geld von Leuten annehmen, die unzufrieden, unwillig und ärgerlich über Sie sind und schlechte Meinungen über Sie verbreiten. Wenn Sie bis hierher gelesen haben, und ehrlich fühlen, dass Sie noch nichts gelernt haben, was Ihre Lebenssituation verbessern kann, dann bitte ich Sie: „Hören Sie auf zu lesen, und bringen Sie das Buch gleich jetzt zurück!" Ich will Ihr Geld nicht, wenn Sie es nicht gerne mit mir teilen wollen. Falls Sie jedoch über diesen Punkt hinaus weitergelesen haben, sind wir hiermit Geschäftspartner und Sie mein zufriedener Kunde. Der Kauf hat unwiderruflich stattgefunden.
12. Über alles lässt sich verhandeln
    Wenn Sie mit sich verhandeln lassen, dann finden Sie es auch natürlich, mit Ihren Lieferanten über Preise und Zahlungsbedingungen zu feilschen. Geld ist nicht die einzige Form der Bezahlung. Nehmen Sie andere Waren oder Leistungen in Zahlung. In vielen Fällen wird das Ihr Geschäft und Ihren Geschäftssinn erweitern.
    Ein Fliesenleger wollte seinen Rücken von mir eingerenkt bekommen, hatte aber nicht das nötige Geld. Ich brauchte aber keinerlei Fliesenarbeit in meiner Wohnung. Ich behandelte ihn und fand jemanden in meinem Bekanntenkreis, der seine Dienste beanspruchte und mich dafür bezahlte. Das sprach sich schnell herum und meine Praxis nahm einen schnellen Aufschwung durch solche Dreiecksgeschäfte. Mein Freundeskreis erweiterte sich beträchtlich, was wieder neue Klienten zu mir führte.

Stufenweise zum Erfolg

Wie von selbst führt die „Treppe zum Erfolg" von der Idee zum Ziel, wenn Sie darüber nachdenken, wie Sie sich zu mehr Einkommen verhelfen können. Nehmen Sie ein Stück Papier und malen Sie darauf eine Treppe, auf der Sie dann die einzelnen Stufen mit Ideen füllen.

Peter ist Student und möchte sich einen Wagen kaufen. Das Geld dafür will er sich nebenher verdienen. Zunächst wird er sich nach einem Job umschauen. Schließlich kann er sich ein Auto leisten. Danach kann er sich einen besseren Job suchen, weil er das Auto benutzen kann.

Paul will sein Hobby, antike Möbel, Schritt für Schritt zu seinem Hauptverdienst ausbauen. Seine Etagenwohnung gibt er auf und mietet sich ein geeignetes Haus, in dem er eine Werkstatt einrichten kann. Wenn durch seine geschickte Restaurierungsarbeit genügend Geld hereinkommt, wird er sich einen Kleinbus leisten, mit dem er in abgelegenen Dörfern nach „antiken Schätzen" suchen kann, etc.

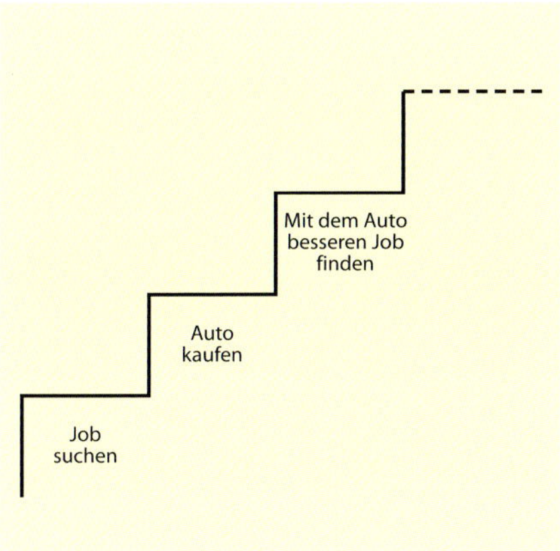

Auf dem Pfad, nicht auf der Strecke bleiben

Sein Einkommen beträchtlich zu erhöhen oder einen eigenen Betrieb aufzubauen, ist nichts für Ungeduldige! Der „schnelle Euro" ist in den meisten Fällen ebenso schnell wieder verloren.

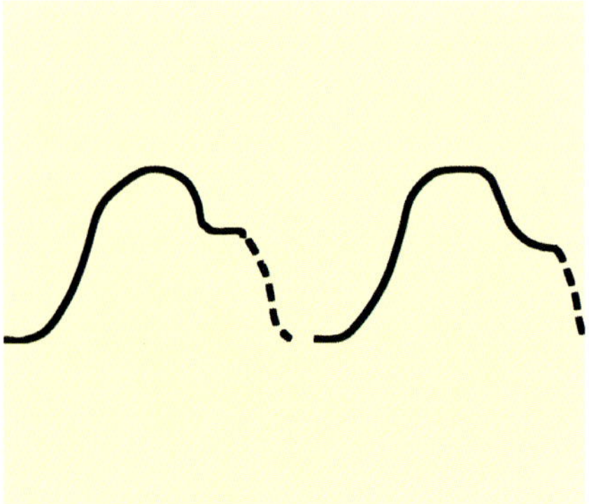

Der „Kurzstreckenläufer"

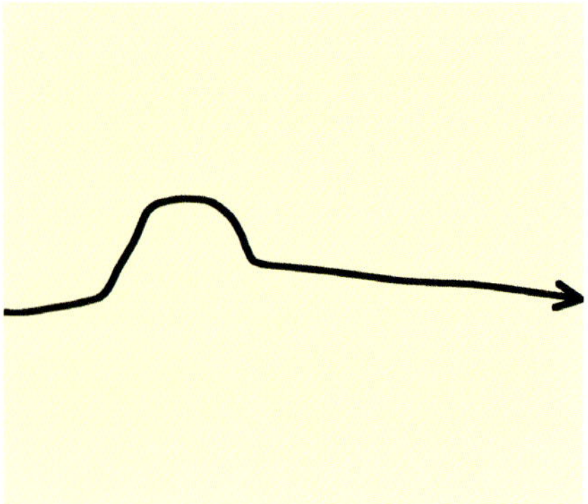

Der „Panzer"

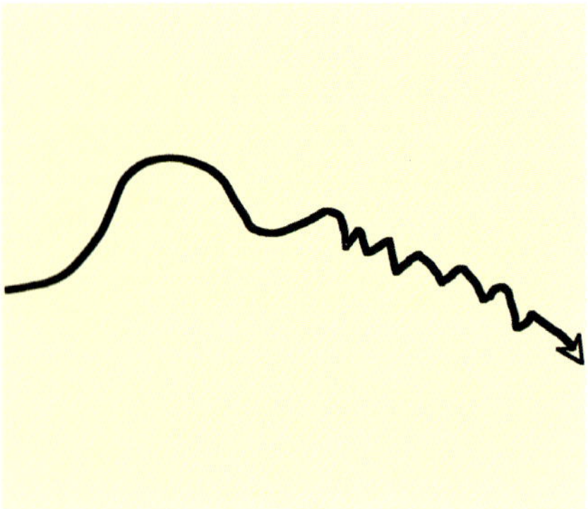

Der „Besessene"

Im Seminar „Du bist dein Betrieb" lernte ich vier charakteristische Geschäftsstile kennen, die für verschiedene Unternehmer typisch sind. Jeder Job und jeder Betrieb bringt eine Reihe von Frustrationen mit sich. Wenn Anfangserfolg und Anfangsgewinn abklingen, Ihre Einkünfte stagnieren und die Erfolgskurve zum *Plateau* wird, zeigt sich wirklich, aus welchem Holz Sie geschnitzt sind:

Der *„Kurzstreckenläufer"* fängt mit großem Enthusiasmus seine neue Karriere an, um sofort die Lust zu verlieren, wenn seine Erfolgskurve absinkt oder auch nur in eine Gerade übergeht. Er „schmeißt den Kram hin" und ist unter denen zu finden, die alle paar Monate etwas Neues anfangen und jedes Mal davon überzeugt sind, dieses Mal ganz bestimmt die große Chance gefunden zu haben.

Der *„Panzer"* ist ein Geschäftstyp, der vom Plateau nicht mehr herunterkommt, weil er seine Vorstellungskraft und Flexibilität nicht gebraucht. Er macht irgendwas richtig, denn schließlich kommt ja Geld rein. Das Geschäft aber stagniert und damit auch der Panzerfahrer, weil er keine neuen Ideen entwickelt hat.

Der *„Besessene"* beginnt mit viel Freude und Enthusiasmus und versucht, wenn er im Plateau stecken bleibt, mit mächtiger Anstrengung aus der Geraden hochzukommen. Er peitscht sich vorwärts, aber verbraucht zwanghaft alle Kräfte und guten Willen. Je mehr er abrutscht, desto mehr gerät er in den Teufelskreis von Übereifer, Panik, Erschöpfung und Enttäuschung.

Der *„Pfadfinder“* weiß, dass sich Erfolg aus quantitativen Schritten und qualitativen Sprüngen zusammensetzt. Solche Geschäftsleute sind ideenreich, flexibel, ausdauernd, denken positiv und halten sich das große Ziel vor Augen. Sie scheuen die Kleinarbeit nicht, die den Augenblick vorbereitet, der ihr Geschäft auf die nächsthöhere Ebene katapultiert. Solange sich ihr Leben abenteuerlich anfühlt und sie das Gefühl haben, „auf der Krone der Welle zu reiten“, können sie die Durststrecke des Plateaus akzeptieren: Sie bleiben auf dem Pfad!

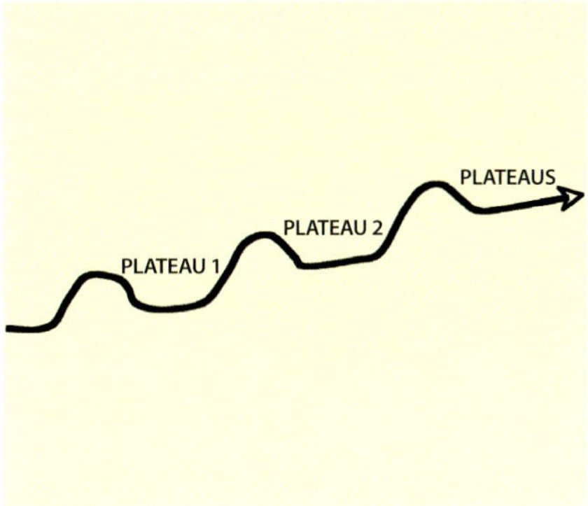

Der „Pfadfinder“

Bekräftigung für eine gesunde berufliche Zukunft:

- ***Ich verfüge über die Qualitäten für ein erfolgreiches Berufsleben: Ich bleibe auf dem Pfad!***

Die Zukunft malen und hineinsteigen!

In der folgenden Übung können Sie zum Ingenieur Ihrer eigenen Vorstellungskraft werden. Mit Ihrer unbegrenzten Imagination werden Sie sich Ihren neuen Gelderwerb vorstellen, als hätten die nötigen Veränderungen bereits stattgefunden!

Eilen Sie in der nächsten Übung nicht nur Ihrer Vorstellung weit voraus, sondern besuchen Sie das, was ich „Zukunft-Zukunft“ nenne. Danach brauchen Sie nur noch die Details regeln und schon sind Sie in das von Ihnen gemalte Bild eingestiegen!

„Selbstschöpfung mit der Zeitmaschine!“

Nehmen Sie sich bitte eine Stunde ungestörte Zeit. Stellen Sie sich nochmal auf Ihre Absicht(en) ein, vervollständigen Sie Ihre Werte, wer-

den Sie sich klar über Ihre Ziele, die Sie als starke Erwartung formulieren und entwerfen Sie danach Ihre Pläne. Lassen Sie alle Überzeugungen fallen, mit denen Sie in Konflikt liegen. Wenn Sie Bilder von Disharmonie aussenden, werden Sie Konflikte ernten. Geben Sie Ihre Widerstände und Verneinungen auf, sonst werden Sie zu dem, was Sie verurteilen. (Stellen Sie sich einen großen Staubsauger vor, der während des Visualisierens alle unvorteilhaften Gedanken eliminiert.)

Rufen Sie Selbstwert und Selbstrespekt in sich auf. Sie werden nur das in Ihr Leben bringen, von dem Sie überzeugt sind, dass Sie es verdienen. Entscheiden Sie sich für das, was Sie sich am meisten wünschen. Schreiben Sie es nieder.

Ihr Wille ist Ihr stärkster Motivator für Ihr Tiefenbewusstsein, wenn er mit starken, bejahenden Gefühlen gekoppelt ist. Bereiten Sie sich jetzt innerlich und äußerlich auf eine Imaginationsreise vor.

Übung

Entspannen Sie sich nun. Atmen Sie tief fünf Mal durch den geöffneten Mund ein und aus, so dass sich Ihr Brustkorb fühlbar hebt und senkt. Zählen Sie sich von 10 bis 1 rückwärts in die Entspannung hinab, als stiegen Sie die Stufen einer Freitreppe hinunter, die in einen friedlichen, entspannenden Park führen.

Sie können es sich z. B. unter einem schützenden Baum im sanften Moos bequem machen.

1. Reisen Sie in die **Zukunft**: Können Sie sehen wie der Wunsch, den Sie soeben aufgeschrieben haben, sich vor Ihren Augen entwickelt und

bereits erfüllt? (Das neue Geschäft, der neue Job, das Darlehen, etc. werden wirklich.) Die von Ihnen gewünschte Zukunft findet bereits statt.

2. Reisen Sie nun sechs Monate zurück in die **Vergangenheit**. Entscheiden Sie, was sich in der Vergangenheit ändert, damit Sie im Hier & Jetzt die Schritte unternehmen können, die zu Ihrer projizierten Zukunft führen.
3. Stellen Sie sich nun Ihre **Gegenwart** vor. Sie haben die Vergangenheit korrigiert und sehen hier und jetzt die Dinge so geändert ablaufen, dass sie die angestrebte Zukunft schaffen.
   Nehmen Sie in Ihrer Imagination an den neuen Handlungen und Gefühlen regen Anteil; wenn Sie plötzlich anders handeln und Grenzen überschreiten, können Sie sich freuen.
4. Erlauben Sie sich nun einen großen Zeitsprung vorwärts. Besuchen Sie sich, ein Jahr von heute, sozusagen in der **Zukunft-Zukunft**. Sehen Sie, wie sehr sich Ihr Leben durch die Veränderungen verbessert hat. – Sie bemerken es zunächst an Äußerlichkeiten, wie Kleidung, Auto, Status, Wohnungseinrichtung, etc. Die neue Umgebung gefällt Ihnen: die Räume, die Mitarbeiter, die Kunden, das Betriebsklima, die Bezahlung.
   Sie stellen fest: Ich bin anerkannt, werde um Rat gefragt und bin begehrt. Es fühlt sich gut an, respektiert und gewürdigt zu werden. Meine neue Tätigkeit füllt mich aus. Ich meistere sie intelligent und gekonnt. Meine Detailarbeit, meine Intuition und Fertigkeit ergänzen sich perfekt. Ich fühle mich wohl und sehe entspannt und wohlgelaunt aus. Meine Kleidung sitzt gut und ist geschmackvoll. Ich kann es mir leisten gut auszusehen. Ich verdiene endlich Geld mit dem, was mich schon immer fasziniert und interessiert hat. Ich habe endlich einen Gelderwerb gefunden, mit dem ich mich und andere zufriedenstelle. Meine Tätigkeit geht mir leicht von der Hand. Ich werde gut dafür bezahlt.
   Meine Selbsteinschätzung steigt zu Recht. Ich lerne mich zu mögen und bin von mir begeistert. Ich liebe mich. Ich fühle mich am Ziel. Nie erfuhr ich mehr das Gefühl von Vollendung und Meisterschaft. Endlich bin ich zu Hause in mir selbst.

Vor meinem inneren Auge sehe ich das Universum mit Wohlwollen auf mich blicken. Die Sterne blinzeln mir anerkennend und lächelnd zu. Ich fühle mich verbunden mit all den Kräften und Energieströmen dieser Welt. Ich zolle ihnen schweigend meine Achtung. Ich fühle mich ermutigt und zuversichtlich, dass ich tatsächlich die Rolle spielen werde, die ich gerade betrachtet habe. (Es sei denn, etwas noch Größeres wartet auf mich.)

Ich beginne noch heute und tue, was zu tun ist, bis ich mein Ziel erreicht habe. Dann bleibe ich auf dem Weg. Ich bin bereits heute dankbar für das, was ich empfange, denn eine Kraft in mir, größer als ich selbst, steht mit mir in ständiger Verbindung und hat mich zu ihrem Flussbett von Reichtum und Überfluss gebracht.

5. Kehren Sie **zurück ins Hier & Jetzt**, aber bringen Sie das gute Gefühl und die Sicherheit mit, dass sich Ihre Vision erfülle. Verharren Sie bei diesen Gefühlen und Einsichten. Freuen Sie sich an diesem Bewusstseinszustand, als liefe er in Zeitlupe ab. Sie haben bereits Ihre ferne Zukunft gesehen, als habe sie bereits stattgefunden. Sie sagen sich: „Es haben sich viele unbewusste Mechanismen in Gang gesetzt diesen Zustand Wirklichkeit werden zu lassen."

Nehmen Sie Abschied von Park, Baum und Moos und zählen Sie aufwärts von 1 nach 10, um erfrischt, munter und ermutigt Ihrem Ziel entgegenzusehen. (Sprechen Sie diesen Text auf Tonträger, und Sie haben Ihre eigene geleitete Fantasiereise.)

Geld – eine Idee, ein Traum!

Geld besteht aus Metall oder Papier, auf das meistens Einser und Nullen gedruckt sind. Nullen stehen für Nichts. Die Eins ist die erste kleinste Ziffer unter den Zahlen.

Eigentlich ist Geld ein Witz: die kleinste Ziffer und eine bestimmte Anzahl von Nullen machen fast unser ganzes monetäres System aus! Verlieren Sie also an Respekt und damit gleichzeitig ein bisschen Furcht vor dem so gewaltig erscheinenden Geld. Die Scheine und Münzen sind weder besonders hübsch, noch das Geld wert, das auf ihnen gedruckt steht. Geld ist so etwas wie eine Briefmarke: jeder akzeptiert, dass eine 55 Cent Briefmarke 55 Cent wert ist. Der Wert der Briefmarke ergibt sich aus Übereinkunft, sie ist eine Idee in den Köpfen der Menschen, an der jeder teilnimmt.

Websters Wörterbuch definiert Geld so: „Ein Mittel des Austauschs; ein Maß für Wert; ein Zahlungsmittel."

Geld hat seine Vorteile: Die aufgedruckten Einser und Nullen sind ein genaues Wertmaß und damit primitivem Geld, z. B. Muscheln oder Bernstein, weit überlegen. Sein Symbolismus ist so praktisch und allgemein, dass Geld in allen Nationen benutzt wird, eine Währung in die andere umgetauscht werden kann. So wechselt Geld nicht einmal den Besitzer, wenn bei größeren Transaktionen die Summen einfach übers Internet durchgegeben werden.

Über Geld wird gesprochen wie über eine Flüssigkeit. Es zirkuliert. „Kannst du mal eben einen Tausender flüssig machen?" – „Die Firma ist nicht mehr liquide." Geld ist das Lebensblut der Geschäftswelt, und muss auch durch Ihre Taschen fließen, um Sie finanziell „auf dem Laufenden zu halten". Wie Sie sehen, ist Geld eine Fiktion, eine kollektive Idee, bei der alle mitmachen. Ideen selbst sind flüssig und lassen sich beliebig umgießen.

„Du bist dein Geld"

Ihre Ideen und Pläne, kurz, Ihre Gedanken über Geld verwandeln sich schließlich in die Banknote, die Sie in den Händen halten. Dieser Geldschein ist ein sichtbarer und fassbarer Ausdruck Ihres Denkens und somit ein Teil Ihrer Selbst. Wir leben vom Verstand her, der uns nur das zurückgeben kann, was wir in ihn hineingedacht haben. Wenn wir von uns selbst als arm und bedürftig denken, geben wir dem Verstand nur die Chance, genau das zurückzuspiegeln: Dir geschieht gemäß deiner Überzeugung! „Wirf die Gedanken von Beschränkung und Versagen von dir! So tust du mehr für die Rettung der Menschheit, als alle Caritas zusammen!" Ernest Holmes, „The Science of Mind", Dodd & Co.

„Nichts ist schlecht oder gut, nur unser Denken macht es dazu!"
William Shakespeare

Geldmangel – Eine Geisteskrankheit!

Nicht Geld entscheidet über Armut und Reichtum, sondern Überzeugung! Schauen Sie sich bitte mit mir einige der gängigsten Überzeugungen über Geld an, die wir bewusst und unbewusst in uns tragen.

Ist Geld die Wurzel allen Übels?

George Bernhard Shaw beantwortete diese Frage mit der Behauptung: „Mangel ist die Wurzel allen Übels!" Der Pastor und Gründer der freidenkerischen, amerikanischen Unity Church, Charles Fillmore, schockte seine christlichen Kollegen mit der Feststellung: „Armut ist eine Sünde!" In der Bibel, Buch Hiob 36,11, heißt es: „Wenn Sie ihm dienen und gehorchen, werden Sie Ihre Tage in Reichtum und Ihre Jahre in Vergnügen verbringen."

Tragen Sie mit Ihrem finanziellen Erfolg zu Überfluss und Reichtum auf diesem Planeten bei. Reihen Sie sich bei denen ein, die in Ihrem Verstand Geld zu Ihrem Freund und Förderer machen. Vermeiden Sie Ausdrücke, die Geld schlecht machen, wie Zaster, Kohle, Schmiere, Kröten, Pulver, Pinke... Carol Bell Knight, Pastorin der „Science of Mind"-Gemeinde in Santa Fe, rät ihren Mitgliedern, immer eine 100 Dollar Note im Portemonaie bei sich zu tragen: „Das gibt dir das Gefühl immer ausreichend Geld zu haben." Außerdem schlägt sie vor, Dollarscheine an gut sichtbaren Stellen im Haus als „Erinnerung" zu platzieren.

Nicht Geld ist schlecht, sondern die Gier nach Geld

Habgier ist Lust nach Geld. Lust sucht rücksichtslos nach Befriedigung aus rein egoistischen Motiven. Die Gier nach Eiscreme, nach Schokolade, nach Sex bricht noch lange nicht den Stab über Eiscreme, Schokolade oder Sex. Nicht Geld ist schlecht, sondern Geiz. Der Geizige kennt nur einen Gott, sein Geld, nur eine Sicherheit, seinen Reichtum und nur eine Liebe, seine Bilanzen. Onkel Dagobert ist mit seinen 33 Trillionen selten glücklich, zufrieden und erfüllt. Geld ist eine brilliante Erfindung und hat auf seiner höchsten Ebene mystische Qualitäten: Auf Wunsch kann es Dinge materialisieren und wieder verschwinden lassen. Geld ist ein Zauberer! Geld ist ein Heiler!

Besonders in den 60er Jahren haben wir jungen Leute Reichtum in Bausch und Bogen verurteilt und nicht scharf genug unterschieden zwischen Geld und Missbrauch von Geld.

Schöpferische Gedanken, die Geld einbringen, sind die größten Heiler auf dieser Erde: der Tunnel zwischen Frankreich und England mag Unsummen verschlingen, aber bringt er nicht Arbeit

„Geld ist ein wundersames Ding. Es ist menschliche Energie in tragbaren Portionen. Es kann selbst dorthin gehen, wo ich nicht hinkomme, es kann Lasten heben, ohne dass ich einen Finger bewege. Durch Geld kann ein Mensch an vielen Orten zugleich sein."

Rev. Emerson Fosdick

und Brot für tausende von Mitarbeitern und schweißt die Menschen in Europa zusammen?! Bekräftigen Sie mit mir:

- *Geld ist positive Energie, die Dinge auf Wunsch materialisiert.*
- *Geld ist Ausdruck meiner Gedanken. Ich und Geld sind eins!*
- *Ich achte und ehre Geld und handhabe es aus meinen besten und höchsten Qualitäten heraus.*

Das Märchen vom Mangel

Dieser Planet ist eine Speisekammer: Es ist genug für Alle da! Die Vorräte sind jedoch mangelhaft verteilt!

Einige Politiker und Geschäftemacher profitieren davon:

1. Mangel hält die Preise hoch. Während ich z. B. in Indien war, verknappte ein Kartell indischer Geschäftemacher den Zucker. Der Preis schoss von 4 Rupien innerhalb einer Woche auf 21 Rupien hoch.
2. Mangel in notleidenden Ländern beunruhigt und ängstigt den Verstand der Menschen auch in den Ländern, in denen keine Not herrscht. Diese fortwährende, unterschwellige Angst wird von gierigen Politikern und Geschäftsleuten ausgebeutet. Mangel ist häufig Vorwand für Krieg.

Solange irgendwo Mangel herrscht, wird niemand auf diesem Planeten ruhig schlafen! Der bloße Gedanke an Mangel schafft einen Zustand von Unwohlsein in den Gehirnen der Menschen. Die bloße Vorstellung von Mangel macht uns alle krank! Geldmangel ist eine Geisteskrankheit, an der Sie teilnehmen können oder nicht! Die Idee von Mangel, an der wir alle auf diesem Planeten teilnehmen, schafft erst den wirklichen Mangel: Wir verteidigen ängstlich das, was wir haben und trennen so arm von reich.

Bekräftigen Sie bitte mit mir:

- *Es ist genug für alle da.*
- *Wenn ich Reichtum und Überfluss schaffe, profitiert jeder!*
- *Je mehr ich mich für eine gerechte Verteilung des Reichtums einsetze, desto entspannter und froher kann ich meinen eigenen Reichtum genießen!*
- *Frieden herrscht in allen Herzen, wenn alle genug haben!*

Wir sind die erste Generation im „Zeitalter des Wassermanns“, das die nächsten 2500 Jahre andauern wird. Das „Age of Aquarius“ versöhnt, nährt und vereint. Es heilt die Wunden, die das gerade vergangene „Zeitalter der Fische“ geschlagen hat, das unter dem Zeichen von Konflikt, Mangel und Opfer stand. Die ersten Jahre des neuen Jahrtausends sind jedoch noch stark vom „hangover“ des alten überschattet. Keiner der ökonomischen, ökologischen und politischen Widersprüche wurde bisher gelöst!

„Trainieren Sie Ihren Verstand neu. Sobald Sie an Banknoten denken, assoziieren Sie sie mit Blättern oder Äpfeln an Bäumen. Beunruhigen Sie sich nicht, wenn eines Tages die Äste leer zu sein scheinen. Sie wissen nur zu gut, dass die neuen Knospen bald wieder sprießen werden und Ihnen die Früchte bringen, die Sie gesät haben.“

John Goldsmith

„Geld – Dein bester Psychiater!“

Psychoanalyse bringt Aspekte unserer Seele ans Licht, die in unserem Tiefenbewusstsein ein Schattendasein führen. Geld kann denselben Effekt haben.

„Als ich 9000 $ für Waren bezahlen sollte, die immer noch unverkauft im Keller lagen,“ erzählt Jerry, „wurden meine Hände schweißnass, mir wurde schwindelig und schwarz vor Augen.“ Gemeinsam fanden wir heraus, dass seine Panik aus der Zeit stammte, als er auf dem Schulweg von den großen Jungen verprügelt wurde, weil er ihnen kein Geld geben konnte.

Geld ist ein großartiger Therapeut und Heiler, wenn es uns hilft, eigene, unbekannte und unbewusste Einstellungen zu entdecken. Über diese wären wir ewig gestolpert, wenn wir sie nicht ans Licht gebracht hätten, um sie mit Übungen, Bekräftigungen und Visualisationen zu neutralisieren.

Meine Kollegin Linda ist in Urschrei-Therapie ausgebildet. Seit einiger Zeit leitet sie Seminare über Geld und Reichtum. Neulich stellte sie fest: „Ich habe immer gedacht, meine Patienten erlebten die stärksten Konflikte bei Themen wie Sex, Vater oder Mutter. Seit ich über Geld arbeite, entdecke ich plötzlich all diese Ängste in mir und meinen Klienten, die alle aus derselben Quelle gespeist werden: die Angst nicht zu überleben. Aus der zweigen sich dann Nebenflüsse ab, wie Scham: das Gefühl nichts wert zu sein. Meine verschämten Patienten glauben, sie seien nicht würdig Gutes zu empfangen und verdienten keinen Überfluss. Der andere Nebenfluss heißt Schuld. Haben sich meine beschämten Patienten schließlich dazu durchgerungen, ihren Anteil am Reichtum einzusammeln, beginnen sie sich schuldig zu fühlen, als haben sie etwas Unerlaubtes oder Böses getan. Nun fürchten sie sich vor Strafe.

„Die Wirklichkeit eines jeden besteht aus den Geschichten, die er erst sich selbst und dann seiner Umwelt beständig erzählt.“
Steve de Shazer

Verhaltensweisen sind eine Zeitkapsel. Diese speichert noch Jahrzehnte nach einem Erlebnis Vorgänge, so wie Sie sie subjektiv erlebt haben und die Schlüsse, die Sie damals daraus gezogen haben.

Piroschka wuchs im Krieg und in den Nachkriegsjahren in Ungarn auf. Die Knappheit, die Not und der Hunger haben sie im Umgang mit Geld scheu gemacht.

Dieses Buch will Sie motivieren neue Geschichten zu erzählen!

Sex, Geld und Vitalität

Vergleichen Sie Geld mit Wasser oder elektrischem Strom, die erst durch ihr Fließen Energie und Kraft freisetzen. Was lässt uns Menschen funktionieren? Unsere menschliche Lebensenergie, bekannt als Vitalität! Sie zirkuliert durch Ihren Körper und konzentriert sich in „Steckdosen“ an bestimmten Stellen, die in der östlichen Heilkunde auch „Chakras“ genannt werden.

In den drei unteren Chakras laufen Geldenergie und Lebensenergie eng miteinander verschlungen.

Am unteren Ende der Wirbelsäule liegt als erstes Energiezentrum das Wurzelchakra, das für alle Überlebensfragen zuständig ist. Für jemanden mit einem gut aufgeladenen ersten Chakra bedeutet Geld gesichertes Überleben. Wird der Energiefluss hier blockiert, zeigt sich das in Geiz, Habgier und Festhalten um jeden Preis (medizinisch äußert sich das als Verstopfung).

Das zweite Energiezentrum ist das der Schöpferkraft und liegt in unseren Sexualorganen. Sexuelle Energie kann sich in Fortpflanzung oder Kreativität ausdrücken.

Napoleon Hill bemerkt in seinem Buch „Think and Grow Rich" (Fawcett Crest, 1960, S.185), dass die meisten Geschäftsleute erst nach dem 40sten Lebensjahr finanziell wirklich erfolgreich werden, wenn ihre Sexualität einen Reife- und Sättigungspunkt erreicht. Dann kanalisieren sie die sexuelle Energie in Kreativität oder Verkaufsenthusiasmus.

Überladung des zweiten Chakras äußert sich in sexuell und finanziell aggressivem Verhalten, weil sich die Energie nicht in Kreativität sublimiert.

Das dritte Energiezentrum, Solar Plexus, liegt im Bereich des Magens und ist zuständig für unsere Kraft. Je nachdem wie wir eingestellt sind, können wir diese Kraft als Macht (miss-) brauchen oder zur Ästhetik stilisieren. Das dritte Chakra lehrt uns den Genuss der feinen und schönen Dinge, die sich durch Geld erreichen lassen: Haute Cuture, Musik, Kunst, architektonische und künstlerische Meisterwerke. (Statt Krieg zu führen, steckte Ludwig II. sein Geld lieber in den Bau von Schlössern, die sich – heute – für Bayern mehr als bezahlt gemacht haben.) Überladung von Chakra 3 führt zu Geld- und Machtmissbrauch.

Fließt dagegen die Energie ungehindert zum nächsthöheren, dem Herzchakra, werden die Themen von Überleben, Sexualität und Macht vereint mit Güte, Weisheit und Spiritualität. Das Herzchakra liegt als Umschaltplatz genau in der Mitte zwischen den unteren drei und den noch folgenden drei höheren Energiezentren. Die unteren drei drehen sich ums Ich, ab dem Herzen beginnt das Du!

Sexualität und Spiritualität, Geld und Herzensangelegenheiten sind weder voneinander getrennt noch verfeindet. Sie sind Sprossen auf ein und derselben Leiter. Alle Sprossen einer Leiter wollen benutzt werden. Wer auf der untersten oder obersten Sprosse stecken bleibt, beschränkt seine Möglichkeiten.

Früher bestand ein deutlicher Unterschied im Umgang mit Geld zwischen den Geschlechtern.

„Überlass die (Geld-)Geschäfte deinem Mann und kümmere dich lieber um den Haushalt", rieten Mütter ihren Töchtern. Auch heute noch nehmen in der Mehrzahl der Familien die Männer die Finanzen wahr. Die Machtstellung, die sie dadurch bekommen, bezahlen sie teuer mit der Last der Verantwortung.

Mein Patient Paul, Handlungsreisender, erlitt mit 46 Jahren seinen ersten Herzinfarkt. Er pflegte vor seinen Freunden stolz zu bemerken: „Meine Frau braucht nicht arbeiten zu gehen." Anfänglich ist es ihm schwer gefallen, dass seine Frau wie selbstverständlich eine Stelle fand und Geld nach Hause brachte. Dennoch war das seine einzige Chance, um wirklich zu genesen, weil er endlich seinen Stress als Alleinverdienender fallenlassen konnte.

Amüsiert beobachtet der Soziologe Warren Farrel („Why men are The Way they are", Berkeley) die unterschiedliche Funktion von Geld zwischen Mann und Frau: „Männer haben seit jeher Geld und Macht angestrebt, um sich dafür Liebe und Sex zu kaufen; die Frauen dagegen haben Liebe und Sex einzusetzen gewusst, um sich dafür Geld und Macht einzuhandeln. Die Männer degradieren Frauen zu „Sex-Objekten" und sich selbst zu „Erfolgs-Objekten". Die Zeiten ändern sich! „Wer das meiste Geld nach Hause bringt, bestimmt auch über den Sex", beschreibt Warren und fügt hinzu, „auf Wunsch der besser verdienenden Ehefrau werden heute viele Ehen geschieden."

Die sieben Gesetze vom Geld

Michael Phillips beschreibt in seinem interessanten Buch „The Seven Laws of Money (World Wheel and Random House) die folgenden sieben Gesetze:

1. Geld ist zweitrangig, wenn Sie ein Projekt haben, welches Sie von Herzen anstreben. Es wird sich einstellen, vorausgesetzt es ist das, was Sie wirklich wollen!
   Beate aus Stuttgart fragte mich während ihres Besuches in Santa Fe: „Du hast in all diesen verschiedenen Ländern gelebt und so verschiedene Berufe ausgeübt wie Arzt, Lastwagenfahrer, Holzfäller, Schreiner, Psychotherapeut, Gärtner und Schriftsteller. Hast du eine geheime Lebensformel, nach der du lebst?" Mir blieb der Mund offen stehen: Ich, eine geheime Formel?! „Äh", stotterte ich überrascht, „ich habe bloß immer das gemacht, wofür ich mich gerade begeisterte und das Geld hat sich eingestellt." „Das ist es!", rief Beate, „das ist dein Geheimrezept!"
   Die wichtigsten Dinge im Leben sind nicht käuflich. Glück, Liebe, innerer Frieden, Erfolg und Gesundheit können nicht für alles Geld der Welt erworben werden. Geld kann höchstens dazu beitragen.

„Viele Menschen sterben und haben noch alle Musik in sich!"
Eric Butterworth

2. Geld folgt seinen eigenen Gesetzen
   Die Hohepriester des zweiten Gesetzes sind die Buchhalter: sie registrieren, wieviel Geld eingenommen wurde, verteilen es auf verschiedene Budgets und kontrollieren die Ausgaben.
   a. Halten Sie alle Einkünfte genauestens bei!
   b. Halten Sie alle Ausgaben genauestens bei!
   Schenken Sie diesen beiden Details Ihre ungeteilte Aufmerksamkeit. Jeder von uns beherbergt in seinem Verstand die Grauzone, von wo ab wir nachlässig werden:
   „Ach, es sind ja nur 5 €." – Jeden Tag 5 € verschwendet, sind am Monatsende 150 €! Von wo ab beginnen Sie sich selbst (oder andere) zu bestehlen? Geld ist der perfekteste Maßstab und der beste Kursus für Ehrlichkeit und Selbstdisziplin.

3. Geld ist bloße Phantasie
   Geld ist bedrucktes Papier. Geld ist eine Metapher, mit deren Hilfe Ihr Verstand über Ihre Geschäfte nachdenken kann. Falls Geld jedoch Ihren einzigen Lebensinhalt darstellt, gehen Sie leer aus, denn Geld ist ein Traumbild.

4. Geld wird zum Alptraum
   90% aller Verbrechen haben irgendeinen Bezug zu Geld und 80% aller Gefängnisinsassen „sitzen" wegen Geldvergehen. Viele Ehen scheitern an Geldfragen und ganze Familien verfeinden sich über Erbschaften. In allen Fällen, in denen Geld zum Alptraum wird, wurde eines oder mehrere der ersten drei Gesetze verletzt.

5. Du kannst Geld nie wirklich weggeben
   Kati bekam überraschend 100 € von mir geschenkt. Statt sich einfach zu freuen, lief sie rot an, um schließlich zu fragen: „Was willst du, dass ich mit dem Geld mache?" Erwartungen, Projektionen, Befürchtungen, etc. Ich hatte einen ganzen Sturm von Gedanken und Gefühlen in ihr entfacht, für die ich nun verantwortlich war.
   Geld ist Energie in Aktion! Ich und Sie sind Energie, und Geld ist eine Ihrer Ausdrucksformen. Will ich Energie austauschen, so geschieht das nur mittels einer Beziehung: Käufer/Verkäufer, Kreditgeber/Schuldner, Schenker/Beschenkte, Mann/Frau, Eltern/Kinder.

6. Sie können Geld nie wirklich als Geschenk empfangen
   Geld geben oder empfangen schafft eine Beziehung. Nehmen Sie Geld an, so verändern Sie das Energiegleichgewicht. Sie bringen die Unausgewogenheit wieder ins Lot, wenn Sie irgendeine Form von Rückerstattung leisten. Bedanken Sie sich persönlich, brieflich, mit einem Geschenk oder einer freundlichen Überraschung. Machen Sie Schenken zu einer Zweibahnstraße und betrachten Sie ein Geschenk als eine zeitweilige Anleihe. Ihr Gegengeschenk erhöht die Zirkulation und hält den Ball am Rollen.

7. Geld und die Liebe
   Liebe gibt bedingungslos. Der Liebende fragt nicht nach Rückerstattung. Liebe ist eine Wirklichkeit, von zwei Menschen durch eine gemeinsame Geschichte erschaffen. In der Partnerschaft dagegen wird auf Dauer der faire Ausgleich wichtig. Ein lang dauerndes Ungleichgewicht (zer-)stört eine Partnerschaft. Insofern gibt es viele Übereinstimmungen zwischen Geld(-geschäft) und Partner(-schaft).

Geld: Gefühls-, Vorstellungs- und Lebensweise

Reichtum, das ist Gesundheit auf allen vier menschlichen Ebenen: körperlich, mental, emotionell und spirituell! Dieses Universum ist so opulent, dass es vor Reichtum überfließt!

Nur durch unsere beschränkenden Gedanken schaffen wir Mangel, Armut, Not und Krankheit. Wir verschließen uns gegen die Prosperität, die stetig an unsere Tür klopft. Arm zu sein, erfordert gedankliche Anstrengung! Wir denken beständig beschränkende, pessimistische und verneinende Inhalte: „Ich kann nicht...“; „Es wird schon schief gehen...“; „Es gibt nicht genug...“; „Ich verliere ja doch immer...“; „Ich bin nichts wert.“

Gebrauchen Sie Ihre Vorstellungskraft, wozu sie sich am Besten eignet: als Äquadukt, das den universellen Überfluss in Ihr Leben kanalisiert!

Positives Denken heißt: Bejahendes Denken!

Übung

Das goldene Seil

Diese einfache Übung eignet sich am Besten für die Zeit vor dem Zubettgehen und vor dem Aufstehen. Liegen Sie entspannt auf dem Rücken und schließen Sie die Augen. Atmen Sie durch den geöffneten Mund, tief in den oberen Brustkorb aus und ein.

Ein starkes Kletterseil oder Tau könnte genau im Bereich Ihres Herzens vom Himmel herabhängen. Es ist über und über von Goldstaub bedeckt!

Halten Sie nun Ihre Hände in Herzhöhe. Ergreifen Sie das Tau. Mit jedem tiefen Atemzug ziehen Sie das Seil Hand über Hand zu sich und machen dabei die nötigen Handbewegungen. Das Tau gleitet durch Ihren Brustkorb und durch Ihr Herz, wo sich der Goldstaub ablagert. Empfängt Ihr Herz begeistert das leuchtende Gold und füllt sich mit Licht und Sonne?

Der Himmel strömt in Ihr Herz; oder umgekehrt, Ihr Herz expandiert in Richtung Firmament. Hören Sie sich wieder und wieder sagen:

„Alles Gold der Sonne ist mein."
„Mein Herz ist das Äquadukt, das die Fülle des Universums in mein Leben leitet!"
„Ich bin ein Teil des Universums und das Universum ist ein Teil von mir. Ich bin Überfluss und Reichtum."

Lassen Sie nun die Hände wieder sinken. Wenn Sie wollen, sehen Sie nun, wie der Goldstaub in etwa zu der Summe koaguliert, die Sie für Ihre Vorhaben brauchen. Wie sähe diese Summe ausgeschrieben auf Ihrem Konto oder im Kassenbuch aus?

Können Sie das Projekt bereits verwirklicht vor sich sehen? Fühlen Sie sich dann zu Recht stolz, und wie bemerken Sie, wie Sie tiefer atmen und dabei aufrechter gehen? Können Sie die Leichtigkeit spüren, mit der die Gedanken in Ihrem Gehirn in bejahenden Bahnen laufen? Vielleicht mag Ihr Verstand vor Freude jauchzen über den reibungslosen Ablauf seiner Gedanken, sie meistern wie Hindernisläufer jede Hürde. Gibt es Schulterklopfen, mit denen die Anderen Sie beglückwünschen? – Fühlen Sie die Wärme, mit der Sie Ihre Dankbarkeit an das Universum ausstrahlen? Ein bejahendes Lächeln hallt als Echo zu Ihnen zurück: „Ich habe deine Dankbarkeit empfangen. Wo das herkommt, was du dir erwartest, ist noch unendlich viel mehr!"

Schreiben Sie nun bitte in Ihr Tagebuch (die Führung eines Tagebuches hilft erwiesenermaßen, wenn Sie Wünsche materialisieren wollen), was Sie persönlich bei dieser Übung erlebt, gedacht, gefühlt, intuitiv empfangen und körperlich gespürt haben. Jede neue Übung wird verschieden ausfallen, wenn Sie sie wiederholen.

Um sicher zu gehen, den erwarteten Effekt auch zu erreichen, rate ich Ihnen dringend, die Visualisation 21 Tage zu wiederholen.

Der verneinende Teil meines Verstandes ließ mich um den achtzehnten Tag meine Übung „vergessen". So stark war meine Angst vor Erfolg. Also holte ich die Tage später nach, damit die Zahl 21 vollständig wurde.

Ihre „Geldperson"

Als Papier oder Münze ist Geld ein Ding. Als Idee kommt es vom Verstand. Es kann uns wie nichts anderes in ein Wechselbad von Gefühlen stürzen. Als Energie ist es so etwas wie kosmischer Sprit. Wir haben eine Beziehung zu ihm; manchmal liebevoll, dann wieder hasserfüllt, selten lässt es uns kalt. Eigentlich hat es alle Merkmale einer Person!

Unser Verstand, besonders sein unbewusster Anteil, beherbergt allerlei untergeordnete Persönlichkeiten (Sub-Persönlichkeiten). Da ist das „innere Kind" (manchmal schmerzend und manchmal entzückt), der „innere Teenager" (manchmal total verlegen und manchmal abenteuerlustig) und der „innere Erwachsene" (entweder super kritisch oder kompetent). Gemeinhin sind diese Sub-Persönlichkeiten in einer Gesamtpersönlichkeit integriert. Aber manchmal laufen sie Amok, trennen sich ab und übernehmen isoliert die Führung:

„Das Kind im Manne." „Niemand wusste, was in sie gefahren war, als sie tollkühn über den Abgrund sprang." „Seine Finger glitten wie von selbst über die Saiten und der Virtuose trat aus ihm hervor."

Eine dieser Sub-Persönlichkeiten ist Ihre Geldperson. Sie ist Ihnen viele Male begegnet, als der „Knickerige", der überlegt, ob er 50 Cent mehr

Trinkgeld geben soll oder nicht; als „der Aufschneider", der eine Runde nach der anderen schmeißt, in der Hoffnung sich die Wertschätzung der übrigen zu erkaufen; als „die Bittstellerin", die nicht klar um Gehaltserhöhung zu fragen wagt.

Wie sieht Ihre Geldperson aus? – Ein Geizkragen, ein forderndes Monster, ein schüchterner Schwächling, Mutter Sparstrumpf, ein weinender Verlierer oder ein zigarrenrauchender Unternehmer?

Übung

Nehmen Sie sich mindestens 15 Minuten ungestörte Zeit. Sitzen oder liegen Sie bequem in einer Position, die Sie nicht verändern brauchen. Atmen Sie tief in den oberen Brustkorb, am besten durch den geöffneten Mund. Zählen Sie sich 10 tiefe Atemzüge rückwärts in die Entspannung hinab, als würden Sie langsam in ein Federbett sinken.

Sie haben sicherlich schon auf einer Sommerwiese im Gras gelegen, und der Himmel wölbte sich über Ihnen azurblau. Um Sie herum die Weite der Natur. Sie wissen nicht so recht, ob Sie tagträumen, eingeschlafen sind oder wachen.

Von dem einen Ende der Wiese kann sich eine Gestalt nähern. – Sie erkennen Ihre Geldperson. Welche Merkmale fallen Ihnen am meisten auf? Ist da etwas, was Sie an der Geldperson stört? Etwas, was Sie nicht ausstehen können, was Sie hassen?

Können Sie die Motive verstehen, aus denen die Geldperson handelt? Können Sie sich an Vorfälle erinnern, an denen die Geldperson sich entschloss, in Zukunft nur noch so und nie mehr anders zu handeln? Können Sie die Gefühle spüren, die die Geldperson zu dem gemacht haben, was Sie heute vor sich sehen? Lassen Sie eine Welle von Annahme von sich ausgehen; vermögen Sie sie voller Verständnis und Mitgefühl zu akzeptieren? Sie hat für Sie, unter den gegebenen Umständen, immer „das Beste" gewollt. Es ist nicht an Ihnen das Beste runterzumachen. Machen Sie das Beste lieber besser und unterstützen einander dabei!

Wenn die Geldperson nun den Mund öffnete und eine Botschaft für Sie hätte: „.....“ Vielleicht hören Sie sich dann spontan antworten: „.....“

Nun fragen Sie die Geldperson, ob und was sie gerne an sich neu gestalten wollen. – Wie können Sie ihr dabei behilflich sein? – Was können Sie dazu beitragen, damit sie sich sicher fühlt? – Werden die neuen Schritte ein einfaches Unterfangen sein, oder braucht sie eine Menge Unterstützung? Welche Widerstände nennt sie, um sich Veränderungen zu verweigern? Können andere helfen? Wer? – Kann sie sich ein Leben ohne Mangel vorstellen; sich stattdessen der Fülle öffnen?

Nun könnte die Geldperson mit Aussagen über Sie beginnen: Welche unentdeckten Werte in Ihnen stecken. Welche Qualitäten in Ihnen schlummern. Welche Ziele Sie tief in sich tragen und welche Pläne in den Schubladen Ihres Gehirns schon lange bereit liegen.

Kommen Sie einander näher. Können Sie bereits in dieser ersten Begegnung Freundschaft schließen? Wenn ja, geben Sie einander die Hand. – Wenn nein, dann beachten Sie, was Sie beim nächsten Treffen besser machen können, um einander umfassender kennen und schätzen zu lernen. Vielleicht fragen Sie jemanden um Rat.

Machen Sie nun bitte einen Termin aus, an dem Sie einander wiedersehen werden. Nehmen Sie Abschied voneinander, damit sich Ihre Geldperson wieder in Ihre Gesamtperson integrieren kann. Zählen Sie sich aufwärts von 1 nach 10, um ab 5 Ihre Augen zu öffnen, sich zu recken und zu strecken und sich erfrischt, bereichert und energiegeladen zu fühlen.

Notieren Sie bitte die wichtigsten Punkte in Ihrem Tagebuch. Kehren Sie alle verneinenden Beobachtungen, Urteile, Sichtweisen, etc., in bejahende und positive Bekräftigungen um: Hat die Geldperson gesagt: „Ich habe Angst zu versagen“, dann wenden Sie diesen Standpunkt ins Positive: „Von jetzt an gehe ich voller Mut an meine Vorhaben!“

Treffen Sie Ihre Geldperson jede Woche für mindestens ein Jahr und dokumentieren Sie Ihre Fortschritte über die nächsten 52 Wochen. Von da an mag es genug sein, sich alle Monate zu beraten.

Kommen Sie in eine Phase, in der Sie stagnieren, bitten Sie Ihr Tiefenbewusstsein um ratgebende Träume oder lassen Sie sich coachen.

Der „kreative Punkt"

Das „Gesetz der Vorstellungskraft" findet seine direkte Fortsetzung im Gesetz der Erwartung: „Du empfängst nicht notwendigerweise, was du wünschst, willst oder nötig hast, sondern immer das, was du in deinem (Tiefen-)Bewusstsein am intensivsten erwartest!"

Dieses Gesetz beweist sich tagtäglich, leider mit negativen Vorzeichen, wenn Sie sich Sorgen machen! Wer sich Sorgen macht, geht davon aus, dass die befürchtete Situation bereits besteht: „Ich weiß genau, ich habe das Bügeleisen heute früh nicht abgeschaltet! Wenn ich nach Hause komme, stehe ich vor den rauchenden Trümmern meines Hauses!" Irgendwann wird das Bild im Tiefenbewusstsein so stark werden, dass Sie wirklich das Bügeleisen brennen lassen und dann ... Negative Erwartungen bringen genau die Bedingungen in unser Leben, vor denen wir uns am meisten fürchten. Höchste Zeit also für Sie und mich, die mächtigen Kräfte der Imagination für uns positiv einsetzen zu lernen:

Indem Sie Erfolg und Reichtum vor Ihrem inneren Auge bereits gesehen haben, stellt Ihr Wille die Mittel bereit, das geschaute Endziel auch zu erreichen!

Übung

Geben Sie sich 15 bis 30 Minuten ungestörte Zeit. Sitzen oder liegen Sie bequem. Atmen Sie zehn Mal tief durch den geöffneten Mund aus und ein, so dass sich Ihr Brustkorb deutlich hebt und senkt (legen Sie zur Probe die Hand auf Ihr Herz).

Vor Ihrem inneren Auge stehen Sie an einer großen Freitreppe, 10 Stufen führen hinunter in den „Garten der Entspannung". Mit jedem tiefen Atemzug steigen Sie eine Stufe tiefer in die Ruhe hinab. Ihr Körper kann dabei warm und schwer werden, Ihr Gehirn leicht und licht.

Wie sähe ein Pfad aus, der am Ende der Freitreppe auf Sie wartet und dem Sie folgen? Schon bald wissen Sie nicht mehr, ob Sie noch wach sind, tagträumen oder bereits schlafen. „Solange ich bei Bewusstsein bleibe," sagen Sie sich, „bin ich sicher und mir kann nur Gutes widerfahren."

Wie sähe eine Natursteinplattform aus, an der der Pfad endet? Von dieser Plattform aus könnten Sie goldenes Sonnenlicht in Ihrem Herzen aufnehmen. Die Sonne nährt Sie dann mit ihren vibrierenden Strahlen.

Kann ein Laser gelbes Licht in Höhe Ihres Solar Plexus (Ende des Brustbeines) aussenden? Davon ginge ein fingerdicker Strahl aus, bis ihn der Horizont zu schlucken scheint.

Ihre Brust wird in der Höhe des Herzens transparent und sendet einen wunderschönen goldenen Lichtstrahl in die weite Welt. Das Herz wird zum Leuchtturm. Starke Lampen im Inneren Ihres Brustkorbes könnten auch in Rosa und Grün erstrahlen. Flammend *orangenes* Licht verlässt Ihre beiden Energiezentren in Höhe des *Beckenbodens* und der *Geschlechtsorgane* und strahlt in die Ferne.

Dort, wo die drei Strahlen am Horizont aufeinandertreffen, entsteht ein *Portal*: Ihr kreativer Punkt.* Es erscheinen die Zeichen von *innerem Reichtum*: Heiterkeit, In-sich-selbst-Ruhen, Selbstsicherheit, Vertrauen, Freude, Liebe, Nächstenliebe, Erfüllung, Kreativität, ...

Falls Ihr „zukünftiges Selbst" nun das Portal auf dieser Seite der Wirklichkeit passierte, wie sähe es aus? – Falls es spräche, was hörten Sie es zur Begrüßung sagen: „......"

Es nimmt vielleicht ein in Geschenkpapier gewickeltes Päckchen aus seiner Tasche und händigt es Ihnen aus. – Als Sie es neugierig auspacken, sehen Sie zu Ihrer Überraschung: „......"

---

* Das Portal liegt an der Grenze zwischen dieser und einer anderen Wirklichkeit, dort, wo Vergangenheit, Gegenwart und Zukunft noch eins sind. Dies ist der *kreative Punkt*. An dem kann Ihre Vorstellungskraft die physikalische Existenz beeinflussen und formen. Dies ist Ihr *Punkt der Erwartung*; Ihr Punkt der Macht! Durch das geöffnete Portal werfen Sie einen Blick auf Ihr zukünftiges Selbst: seine neuen Einstellungen zu Geld und Prosperität; seine neue Lebensweise; seine neuen Ideen, Pläne und Ziele; sein neues Selbstbewusstsein; das Gefühl erfolgreich zu sein, unabhängig von äußeren Umständen. Sie sehen seine äußerlichen Zeichen von Reichtum und Überfluss: das Haus, das Auto, die elegante Kleidung, eine beträchtliche Summe auf dem Konto und die Erfüllung langgehegter Wünsche.

„Ich bin derjenige," hören Sie Ihr zukünftiges Selbst sagen, „der schon immer in dir zu Hause ist! Mich endlich zu sehen und anzunehmen, heißt, dass bereits Tausende von Prozessen in dir in Gang gesetzt worden sind, durch die wir endlich identisch werden. Erlaube dir, mit mir eins zu werden, so wie ich mir erlaube mit dir zu verschmelzen!"

In dem Moment, wo Sie freudig und begeistert zustimmen, findet die innere Hochzeit zwischen Ihnen und Ihrem Potential statt. Der ausgesendete Lichtstrahl wird nun zur „Brücke des Lichts" über das Ihr nie versiegender Nachschub zu Ihnen gelangt.

Über diese Brücke senden Sie Teile Ihres Überflusses hinaus in die Welt. Sie teilen Ihren Reichtum mit anderen! Wo dieser Reichtum herkommt, liegt so unendlich viel mehr! Der Strahl, der Sie über die Brücke verlässt, umspannt in einem Kreisbogen den gesamten Planeten.

Vielleicht können Sie innerlich bekräftigen: „Ich fühle mich mit allen Menschen und dem gesamten Universum verbunden!"

Wie spiegelt sich das in Ihnen wider? Als Wärme, als Glanz? Die Haut Ihrer Hände soll geschmeidig und aufnahmebereit für all das Gute werden, das Sie von nun an empfangen oder geben.

Sind Sie und Ihr neugewonnener innerer Begleiter nun bereit, gemeinsam in diese Wirklichkeit einzutreten? Spüren Sie diesem einzigartigen Moment noch etwas nach.

Steigen Sie die Treppe wieder hoch von 1 nach 10. Bei 10 werden Sie Ihre Augen öffnen, sich recken und strecken. Können Sie sich frisch, ermutigt und tief beschenkt fühlen?

Was ist Armutsbewusstsein?

Bevor ich Sie mit der Weisheit des Geldausgebens, Sparens und Investierens bekannt mache, möchte ich hundertprozentig sicher sein, dass Sie das von einer neuen Warte Ihres Bewusstseins her angehen. Nur wenn Sie sich von nachteiligen Überzeugungen wie Selbstzweifel, Wertlosigkeit und Mangel, kurz, Ihrem Armutsbewusstsein, gereinigt haben, werden Sie mit Spaß Geld ausgeben, erfolgreich sparen und gewinnbringend investieren!
Also: Was ist Armutsbewusstsein? In Opposition leben zum großzügigen unversiegbaren Energiefluss des Universums!

Seine zwei Ursachen
„Wer würde freiwillig," fragen Sie sich nun, „gegen Reichtum und Überfluss sein?" Da ist zunächst einmal die Trägheit unserer eigenen Verstandesprozesse! Wenn unsere Gedanken nicht immer wieder angestoßen und in Schwung gehalten werden, verlieren sie ihre Wirksamkeit. Napoleon Hill macht eindringlich darauf aufmerksam, Reichtumsbewusstsein müsse durch Bekräftigungen, Training und Meditationen ständig motiviert werden, um nicht vom Unkraut des Armutsbewusstseins überwuchert zu werden. Reichtumsbewusstsein ist nicht etwas, was Sie sich ein für allemal erobern! Meisterschaft – und das gilt auch für Reichtum – wird nur durch fortwährendes Üben erreicht und beibehalten.

Zweitens steuern wir unsere finanziellen Belange nur zu einem kleinen Teil von unserem bewussten Verstand her. Die meisten Entscheidungen werden so flink von den Autopiloten unseres Tiefenbewusstseins erledigt, dass wir ihre Tätigkeit meist überhaupt nicht mitbekommen. Ihre Autopiloten enthalten Urteile, Befürchtungen und Handlungsweisen in Bezug auf Geld, die Sie von Ihrer frühesten Jugend an von Eltern, Großeltern, Erziehern, Kirche und Staat wie ein Schwamm aufgesogen haben. Ihre „lieben" Gewohnheiten!

Der Direktor einer Versicherungsgesellschaft gab einem jungen, energischen Mann den besten Verkaufsbezirk, weil er ein vielversprechendes

Potential in ihm sah. Beim Jahresabschluss konnte der junge Mann nur einen äußerst mageren Umsatz von 100 000 € vorweisen. Das Management wollte ihn feuern, doch der Direktor gab ihm eine weitere Chance und wies ihm den schwierigsten und schlechtesten Verkaufsbezirk zu. Auch diesmal setzte der junge Mann wieder 100 000 € um, was aber ein ausgezeichnetes Ergebnis darstellte, gemessen an den Erfolgen der Vorgänger. Erfreut setzte das Management ihn wieder im ersten Bezirk ein. Was, denken Sie, war diesmal sein Umsatz? Der junge Mann setzte wieder nur 100 000 € um! Da begriffen Direktor und Management: Der junge Agent war ein „100 000 €-Mann". Seine Vorstellung von Erfolg war auf 100 000 € fixiert wie ein Thermostat. Das war sein Ergebnis, wie immer auch die äußerlichen Bedingungen sein mochten.

Die Warnsymptome erkennen

Die Angst vor Armut ist das stärkste Anzeichen für Armutsbewusstsein! Angst erzeugt eine Schwingung in Ihnen, die Ihre Unternehmenskraft lähmt und sich äußert in Symptomen wie:

- Handeln auf die lange Bank schieben;
- Unentschlossenheit;
- Selbstzweifel und Zweifel;
- sich unnötige Sorgen machen;
- übervorsichtig sein;
- übersensibel auf Kritik reagieren, weil Sie sich gleich beschuldigt oder beschämt fühlen.

Angstschwingungen teilen sich wie Radiowellen an die Menschen in Ihrer Umgebung mit und sind ansteckend: Sie stecken andere an, oder andere stecken Sie an. Jedes der genannten Symptome macht Ihren Verstand zum Schwamm für die Befürchtungen und Entmutigungen Ihrer äußeren Umgebung. Der Börsensturz von 1929, so glauben Wirtschaftswissenschaftler heute, war eher eine psychologische Kettenreaktion als eine ökonomische Notwendigkeit: Die Börsianer wurden von der Lawine Ihrer eigenen Panik mitgerissen, die sie selbst ausgelöst hatten!

Bekräftigungen, die bei diesen Symptomen hilfreich sind:

- *Ich habe eine hohe Meinung von mir. Ich fühle mich verbunden mit den unversiegbaren Quellen des Universums.*
- *Das Bewusstsein meines Erfolgs ruhte schon immer ganz allein in mir, unabhängig von allen äußeren Umständen.*

Stolperdrähte auf dem Weg zum Reichtum

Negatives Denken
Ein Zeitungsfoto setzt sich aus zahllosen kleinen Punkten zusammen, die als elektrische Impulse, z. B. mit einem Fax, ausgesendet werden können. Die ca. 50 000 Gedanken, die Ihr Verstand in 24 Stunden denkt, wirken ähnlich den Impulsen des Faxes und drucken das Bild Ihrer täglichen Wirklichkeit. Wenn Sie nicht im Fahrersitz Ihres Verstandes Platz nehmen, um alle verneinenden Gedanken schleunigst abzufangen, werden diese in Ihrem Alltag tatsächlich auftauchen.

Ärgern Sie sich oder werden Sie gar grün vor Neid, wenn jemand Sie im Rolls Royce überholt? Jedes Mal, wenn Sie jemanden seinen Reichtum nicht gönnen, ihm sein Geld übel nehmen, ihn einen Geldsack oder Betrüger schimpfen, greifen Sie Ihr eigenes Reichtumsbewusstsein an und bestehlen sich selbst!

„Sie werden niemals zu dem werden, was Sie verabscheuen!"

Bitte prägen Sie sich ein: *„Meine aggressiven Gedanken greifen als erstes mich selber an!"*

Ihr Tiefenbewusstsein versteht keine negativen Befehle. „Ich will nicht von der Klippe fallen", hört es als: „Ich will – von der Klippe fallen!" Der korrekte Befehl wäre gewesen: „Ich setze vorsichtig einen Fuß vor den anderen und sehe mich bereits sicher am Ziel." Im zweiten Fall wird dem Tiefenbewusstsein genau und freundlich gesagt, was es zu tun hat, um die Aufgabe erfolgreich zu beenden.

„Du verlierst, was du verurteilst!"

Neun von zehn Lotteriegewinnern sind ein Jahr nach dem „großen Treffer" wieder genauso arm oder noch schlechter dran! Nicht Geld löst finanzielle Probleme, sondern die Veränderung des Bewusstseins! Später erkläre ich, dass uns eine „finanzielle Komfortzone" beschränkt.

„Weder Beschuldigung noch Tadel enthalten eine sinnvolle Botschaft, um Missstände zu beheben."

Hören Sie niemandem zu, der sich beklagt und beschwert, denn er stiehlt Ihre Zeit (und Ihr Geld)! – Hören Sie sich gerne selber klagen? Sobald Sie sich dabei erwischen, negativ zu denken, rufen Sie sich innerlich zu: „Gelegenheit zum Erfolg!"

Ihr Automechaniker präsentiert Ihnen z. B. eine gesalzene Rechnung für die Inspektion Ihres Wagens. Statt innerlich zu kochen (oder äußerlich feindselig zu reagieren), können Sie sich „Gelegenheit zum Erfolg!" zurufen und dann bekräftigen, dass Sie heute das Geld auf einen Schlag wieder rein verdienen! Nur so verlassen Sie die Sackgasse von „Opfer" und „Märtyrer".

Die Negativität entschärfen lernen

Sie bekommen die Rechnung vom Schornsteinfeger und schimpfen: „Die Rechnung ist unverschämt!"

a. Schreiben Sie den Gedanken auf. Suchen Sie nach dem Teil der Botschaft, der ausdrückt, was Sie nicht wollen. („Ich will nicht so viel Geld für den Schornsteinfeger ausgeben.")

b. Formulieren Sie sofort danach, was Sie wohl wollen. („Ich will genug Geld haben, den Mann bezahlen zu können.")
c. Entwerfen Sie ein Verhalten mit einer funktionierenden Handlungsanweisung: „Diese Woche werde ich zwei zusätzliche Abschlüsse tätigen, um die Rechnung zu bezahlen. – Beim nächsten Mal werde ich den Preis im Voraus vereinbaren, etc."

Formulieren Sie jedes negative „will nicht" in das um, was Sie anstreben und „wohl wollen"!

Ein weiterer Zeit- und Geldgewinn: „Geben Sie auf, sich zu vergleichen!" „Besser als ....";„schlechter als ...."; sind doch nur negatives Denken, das sich als Urteil maskiert! – Vergleichen ist eine schädliche Angewohnheit, gesundheitlich mindestens ebenso unbekömmlich wie das Rauchen. Also wenn Sie sich schon vergleichen müssen, dann vergleichen Sie sich nur mit sich selbst, wie z. B. „Im letzten Jahr habe ich 70 000 € verdient und dieses Jahr 80 000 €."

Geld – ein Familiendrehbuch
Der größte Lehrmeister in unseren Kinderjahren? – Imitation! Wir lernen durch „nachäffen" und die größte Schmeichelei, die wir als Kind den

Erwachsenen machen können, ist, sie zu imitieren: „Sieh' her Vati, ich mache es genauso wie du!"

Kathleen Gurney („Your Money Personality", Doublday) stellte in diesem Zusammenhang den folgenden Fragebogen zusammen. Finden Sie heraus, welche Rolle Sie sich im Familiendrehbuch „auf den Leib geschrieben" haben:

Übung

- Bekamen Sie alle Wünsche erfüllt oder wurden Sie häufig enttäuscht?
- Was war Ihr Kinderglaube über den finanziellen Status Ihrer Eltern: arm, reich oder Mittelklasse?
- Besaßen die Eltern Ihrer Freunde mehr oder weniger als Ihre Eltern?
- Bekamen Sie Taschengeld: ausreichend, großzügig, mickrig oder gar nicht?
- Wie oft stritten Ihre Eltern über Geld? Wer begann, und wer „siegte"?
- Wie war die ökonomische Weltsituation, als Sie klein waren: Krieg, Inflation, Weltwirtschaftskrise oder Wirtschaftswunder?
- Versuchten Ihre Eltern Sie durch Geld zu kontrollieren oder zu manipulieren?
- Rebellierten Sie gegen elterliche Geldregeln oder folgten Sie ihnen brav?
- Versagen Sie sich kleine (und größere) Freuden mit dem Argument, sich das nicht leisten zu können?
- Ist Sparen und Sicherheit für Sie wichtiger als Spaß am Geldausgeben?
- Gehen Sie destruktiv mit Geld um und verlieren es beim Glücksspiel, etc.?
- Zerstören oder verlieren Sie häufig Gegenstände von Wert?
- Leiden Sie, selbst heute noch, an dem Gedanken nie genug zu haben?
- War das Thema Geld in Ihrer Familie tabu und wurde totgeschwiegen?
- Wer verdiente, verwaltete in Ihrer Familie das Geld, und wer gab es aus?
- Wer hat sich Zeit genommen, Sie über Geld aufzuklären?
- Haben Ihre Eltern ihrerseits das Gelddrehbuch von den Großeltern kopiert?

Fühlen Sie sich manchmal dazu verdammt, eine Rolle spielen zu müssen, als seien Sie Ihr eigener Gefangener? Bemerken Sie Verhaltensweisen, die Sie herumschleppen wie eine Schildkröte ihren Panzer?

Der *erste* Schritt aus dem Rollengefängnis:
Vergeben Sie sich selber! Sie haben aus Liebe, weil Sie es nicht besser wussten oder unter dem Zwang der Umstände gewisse Verhaltensweisen Ihrer Eltern abkopiert, und sie imitieren sie immer noch.

Der *zweite* Schritt:
Vergeben Sie Ihren Erziehern! Ihre Erziehungspersonen waren und sind Opfer desselben Nachahmungs-Mechanismus. Wir alle sind Opfer von Opfern! Es ist an Ihnen heute die Kette zu brechen und zu verzeihen.

Die folgenden familiären Verhaltensmuster finde ich bei meinen Klienten:

Das Ausverkaufs-Syndrom
Aus Angst vor Liebesentzug geben wir nach, unterwerfen uns und verkaufen uns lieber aus, als für unseren eigenen Vorteil zu verhandeln oder zu kämpfen.
„Mami (Vati, Oma, ältere Schwester) könnte böse auf mich werden und mich im Stich lassen."

Besonders bei Liebespaaren, die auch gleichzeitig Geschäftspartner sind, tritt das Ausverkaufs-Syndrom häufig auf. Nina und Fred haben einen Stoffblumen-Großhandel. Fred hatte eine Mutter, die ihm häufig die „schweigsame Behandlung" zuteil werden ließ. Aus Angst vor Ninas Liebesentzug gab er häufig zum Nachteil des Geschäfts „um des lieben Friedens Willen" nach. Heute trennen die beiden klar und deutlich, wann Sie eine geschäftliche Verhandlung haben und wann sie privat miteinander umgehen: Sie setzen symbolisch für die Arbeit einen unsichtbaren Bowler-Hat auf und vertauschen diesen gegen Baseballkappen für die Freizeit.

Als Bekräftigungen schlage ich vor:

- *Ich stehe für das ein, was ich will und was ich für richtig halte und bin gleichzeitig liebenswert!*
- *Geldgeschäfte und deren Gefühle sind eins; Privates und deren Gefühle ein anderes!*

Verlieren aus Rache

Alle Eltern erwarten insgeheim, ihre Kinder möchten erfolgreicher sein als sie selbst. Hier können die Heranwachsenden den Hebel ansetzen, um es den Eltern heimzuzahlen; mit ihnen ein Hühnchen zu rupfen. Die Eltern werden sich schämen, denn das schlechte finanzielle Gedeihen ihres Kindes brandmarkt sie als schlechte Erzieher. Weil es unbefriedigend ist, andere durch eigenes, trotziges Versagen zu strafen, kommen wir nie an den Punkt, an dem wir „es ihnen genug heimgezahlt haben". Die negative Spirale dreht sich weiter. Die Eltern leben in Furcht, das finanzschwache Kind werde sie geldlich belasten.

Ich sehe zwei Kliententypen, die zur „Rache durch Verlieren" neigen. Die einen haben Konflikte mit Autoritäten und schimpfen auf „Die Geldsäcke". Die anderen haben ihre Autoritätskonflikte total verdrängt und finden alles an den Eltern prima und perfekt. Als Bekräftigung wird helfen:

- *Alle Eltern lieben ihre Kinder, aber ihre Verhaltens- und Kommunikationsweisen waren oft ungeschickt! Ich vergebe meinen Eltern ihr Unvermögen.*
- *Ich sehe den Aberwitz in meinem trotzigen Verhalten und höre jetzt auf, mich selbst zu strafen, um andere zu strafen!*

Angst vor Liebesverlust

Manche Eltern geben statt emotioneller Bindung und Liebe Geschenke und Geld. Deren Kinder fürchten später, der finanzielle Segen (Liebesersatz) könnte stoppen, wenn sie eines Tages mehr verdienen als die Eltern.

Gittes Eltern z. B. waren geschieden und ihr Vater verwöhnte „seine Prinzessin" mit allem, was sein Scheckbuch kaufen konnte. Gitte, heute 33 Jahre, liegt ihren Eltern immer noch auf der Tasche. Der Verdienst der Eltern ist sozusagen die Grenzmarke, die die Kinder nicht zu überschreiten wagen: Diese angewöhnte „Komfortzone" beschränkt!

Folgende Übung wird Ihnen helfen:

Stellen Sie sich im Geist zwei Thermometer vor, die statt der Temperatur einen Pegel für Einkommen haben. Das erste Thermometer zeigt das Gehalt Ihres Vaters/Ihrer Mutter an, das zweite Ihr jetziges Einkommen. Sehen Sie in der Vorstellung, wie Ihr Thermometer langsam steigt und schließlich den Pegel des ersten Thermometers überholt. Befriedigt stellen Sie fest: „Jetzt sind wir beide reich!"

Danach bekräftigen Sie:

- ***Ich suche und finde Liebe von jetzt an bei emotional reifen und nährenden Menschen!***
- ***Ich kann mehr verdienen als meine Eltern und immer noch ihre Form von Liebe entgegennehmen!***
- ***Ich nehme die Herausforderung dankbar an, mich auf meine eigenen Füße zu stellen! Ich wähle jetzt meine Unabhängigkeit!***

Das Hoffnungslosigkeits-Syndrom

Manche Eltern setzen Belobigung oder Belohnung für die Leistung ihrer Kinder so unmöglich hoch an, dass die Kinder enttäuscht aufgeben, ohne das gesteckte Ziel überhaupt noch ins Auge zu fassen. Esther z. B. brachte meistens Vierer, manchmal Fünfer in Mathematik nach Hause. Eines Tages bat sie ihren Vater, ob sie Reitstunden nehmen dürfe. Der finanziell geplagte Mann stellte ihr in Aussicht: „Sobald du Einser in Mathe nach Hause bringst, darfst du reiten." Wie Esther haben viele das Gefühl, doch niemals zu bekommen, was wir uns von Herzen wünschen oder sich dafür so anstrengen zu müssen, dass wir uns dabei selbst verleugnen. Unsere innere Entscheidung: „Da bleibe ich lieber ein Versager."

- ***Mit meinen vorhandenen Gaben schaffe ich mir mühelos Erfolg und Überfluss!***
- ***Ich habe das Zeug in mir, meine Wünsche zu erfüllen!***
- ***Geld und Erfolg schaffen mir die Freiheit, der zu sein, der ich sein will!***

Die Unterernährten

Wer als Säugling nicht die Brust erhielt oder nach einem starren Zeitplan gefüttert wurde, bekommt weniger Vertrauen mit, dass Überleben einfach sein kann und dass seine Bedürfnisse respektiert werden. Kosta und Katharina z. B. adoptierten Tullio aus einem staatlichen Waisenhaus in Brasilien. Der Kleine brüllte schon vor Verzweiflung, wenn er das erste Fläschchen halb leer hatte. Er beruhigte sich erst, als er bei jeder Fütterung ein zweites Fläschchen zum Festhalten in die Hände bekam. Seine früheste Erfahrung: „Es ist nicht genug für mich da!" Dasselbe gilt für Babys, deren Geburt dramatisch verlief: Sauerstoffmangel, Schmerzen; sofortiger Verlust des mütterlichen Schutzes, weil sie gleich in den Brutkasten gelegt wurden. Klienten mit diesem Mangel-Syndrom zeigen viel Überlebensangst, eine Vorliebe für Kontrolle, Armutsbewusstsein und/oder große Fluktuation in ihrem Einkommen (einen Monat viel Geld, dann wieder pleite).

- ***Ich verzeihe dem Schicksal, mich als Säugling nicht ausreichend und verständnisvoll genährt zu haben.***
- ***Es ist genug für alle da, für mich und für dich!***
- ***Die Tatsache, dass ich lebe, beweist, dass ich genug empfangen habe. Ich bin dankbar.***

„Imagineering"® ist die Methode der Wahl, Geburts,- Ernährungs- und andere Mangel-Traumata für immer zu beheben. (www.imagineering.de)

Die verflixte Erbschaft

Kommen Sie aus einer Familie, in der die Hinterbliebenen traditionsgemäß große Summen erben? Ich habe bei diesen Menschen drei unterschiedliche Einstellungen feststellen können. Die erste Gruppe lässt sich von der Aussicht auf den Geldregen lähmen. Bruce z. B. weiß, dass er beim Tod seiner Mutter die Ölquellen seines bereits verstorbenen Vaters erben wird, besonders, seit auch sein Bruder im Privatjet umkam. Bruce ist äußerst kreativ, unternehmungsfreudig und intelligent. Einmal hat er erfolgreich eine Akademie für Naturheilkunde aufgezogen, aber dann bald wieder verkauft. In der letzten Zeit trinkt er viel und jettet in der Welt umher, während er auf den Tod seiner Mutter wartet.

Die andere Gruppe fühlt sich schuldig, vom Tod eines Verwandten zu profitieren. Sie bleiben bedürftig, um die Erbschaft rechtfertigen zu können.

Einer dritten Gruppe ist der Gedanke so unangenehm, ihr Verdienst hänge mit Tod zusammen, dass sie das Geld mit vollen Händen rauswerfen, als könnten sie es nicht schnell genug loswerden. Die Kur ist hier, Geld, Schuld und Tod zu entkuppeln, um dann Verantwortung für die geerbte Summe zu übernehmen.

Erbe ist der letzte Ausdruck von Liebe, den Verwandte uns hinterlassen. Wie sind wir mit deren Liebe umgegangen, als sie noch lebten? Was könnten wir mit dieser Liebe konstruktiv anfangen, nun da sie tot sind?

Angst vor Erfolg

Alan ist intelligent und sein Vater hat hart gearbeitet, um dem Sohn eine gute Ausbildung bieten zu können. Alan scheint seine Talente nicht in finanziellen Erfolg umsetzen zu können. „Wen würdest du verletzen, wenn du wirklich erfolgreich wärst," wollte ich von ihm wissen. „Meinen Vater," kam es spontan zurück, „den würde ich ja damit in den Schatten stellen."

Derjenige, der am „Angst-vorm-Erfolg-Syndrom" leidet, muss sich die eine Frage stellen: „Auf wessen Gefühle nehme ich Rücksicht, wenn ich mich und meinen Erfolg zurückhalte?"

Eine zweite Gruppe fürchtet nichts mehr als die Veränderung selbst. Alle Angst ist Furcht vor Veränderung, Furcht vor dem Unbekannten! Neugier ist der Gegenpart zu Angst.

Ab heute ist meine Neugier stärker!

Haben auch Sie eine „Komfortzone", einen Bereich auf Ihrem Gefühlsbarometer, in dem Sie sich wohl fühlen? Fühlen auch Sie sich unangenehm, wenn der Pegel zu hoch ins Glück und in die Ekstase rutscht?

Sie fühlen sich prima und sind selbstvergessen glücklich! Plötzlich interveniert Ihr Verstand: „Du machst mich überflüssig! Ich habe nichts mehr, worüber ich mich sorgen könnte!" Ihr Verstand gerät in Panik: „Sich gut fühlen ist schlecht!"

„Flying Boys", fliehende Jungen, nennt der amerikanische Schriftsteller und Therapeut John Lee diejenigen Männer (und Frauen), die immer dann weglaufen, wenn ihr Erfolg greifbar wird. Manche haben es schwer, das Gute in ihr Leben zu lassen. Angst ist zurückgehaltene Liebe! Liebe heißt: Angst loszulassen!

Ich liebe! Ab jetzt!

Was können Sie tun? Machen Sie Ihre Angst zu Ihrem Kind, das Sie umsorgen, trösten, ermutigen und dem Sie die Sicherheit geben, ungewohnte Bereiche zu erforschen! Befreien Sie sich durch diese Bekräftigungen aus dem Dilemma:

- *Ich kann erfolgreich sein und meinen (Vater, Bruder, etc.) daran teilhaben lassen.*
- *Je mehr ich gewinne, desto mehr kann ich andere gewinnen lassen.*
- *Meine Liebe fließt ununterbrochen für mich und für andere.*
- *Ich umwickele meine Angst mit Liebe!*
- *Die Bereiche oberhalb meiner Komfortzone sind die süßesten.*

Versagensangst
Wenn der Elternteil desselben Geschlechts die Leistung des Kindes braucht, um sich selbst besser zu fühlen, kommt das Kind unter panischen Druck: es muss alles richtig machen, damit Mutti/Vati sich in seinem/ihrem Ruhm spiegeln können. Auch als Erwachsene schuften diese Menschen, weil für sie Liebe und Leistung untrennbar miteinander verbunden sind. Statt „menschliche Wesen“ bezeichnen wir diese Leute lieber als „menschliche Tuer“.

Die Stressforschung hat einen Ausdruck für sie geprägt: Typ-A-Persönlichkeit. Aus ihrem Hunger nach Anerkennung können diese Leute nicht „Nein“ sagen und überladen sich mit Arbeit und Projekten. Leute mit diesen Eigenschaften leben einen „Macho Lebensstil“: sie schwingen zwischen Versagensangst und Allmächtigkeit hin und her.

- Von jetzt an erlaube ich anderen, mich zu unterstützen und zu lieben!
- Besonders, wenn Dinge schief laufen, bin ich immer noch ein guter Mensch und Liebe wert.

Der „Wille zu versagen“

„Versagen erfordert harte Arbeit und größte Anstrengung!“
Dorothea Brande

Die amerikanische Schriftstellerin Dorothea Brande („Wake up and Live“, Simon & Schuster) glaubt, neben dem „Willen zu Überleben“ auch einen „Willen zu Versagen“ entdeckt zu haben. Erfolg sei nicht der Lohn harter Anstrengung, noch sei Versagen die Strafe für

„Mühe ist ein unheiliger Kampf, den du in dir selbst ausfichst. Bringe dich in eine nicht-konfrontierende Geisteshaltung, erst zu dir selbst und dann zur Welt."
Stuart Wilde

Faulheit. Der Erfolgreiche öffne sich dem unversiegbaren Energiefluss des Universums, während der Versager sich diesem Fluss aktiv widersetze:

Es ist pervers, meint die Autorin, wie manche den Gedanken von Erfolg in sein Gegenteil verkehrt haben: Nur unter größter Mühe gelingt es zu versagen.

Gerade Mühe und verzweifelte Anstrengung sind genau die Mittel, sagt der Metaphysiker Stuart Wilde („Leben war nie als Kampf gedacht", Undine), die Erfolg unmöglich machen. Der „Struggler" (verzweifelte Kämpfer) glaubt irrtümlicherweise, Mühe und Opfer seien ehrenvoll und würden belohnt: Sie wollen durch große Anstrengung erfolgreich werden (um nebenher Liebe zu verdienen) und hassen es gleichzeitig (weil sie nicht um ihrer selbst Willen geliebt werden). Sie lösen das doppelte Dilemma, indem sie erfolgreich versagen!

Ihr Reichtumsbewusstsein entwickeln

Um Reichtumsbewusstsein zu entwickeln, werden Sie die überholten Überzeugungen des Armutsbewusstseins durch frische, ermutigende und optimistische Gedanken ersetzen lernen!

„Reichtumsbewusstsein bedeutet: Seine innere Aufmerksamkeit auf den Überfluss gerichtet zu halten, den das Universum bereithält, bis wir ihn durch unser Bewusstsein fortwährend in alle Richtungen ausstrahlen!"

Eric Butterworth

Versagen – Ouvertüre zum Erfolg

Fortschritt, so wird gemeinhin gesagt, entstehe durch Versuch und Irrtum. Jeder Irrtum ist ein Versagen und könnte als Fehlschlag beurteilt werden.

T. Edison war schon mit 750 Materialien für seine Erfindung gescheitert und wollte schon aufgeben. Noch ein Mal griff er erschöpft zu einer neuen Substanz, einem Kohlestofffaden. Sein 751. Experiment brachte den Durchbruch, die Glühbirne!

Erfolgreiche Menschen bleiben nicht in Irrtum und Scheitern stecken! Versagen ist die erste Stufe zum Erfolg! Erfolg schließt Versagen ein! Jedes Versagen ist ein Lernschritt und trägt ein Stückchen Erfolg in sich. Der Versager ist nicht der, der Fehler begeht, sondern der, der auf halber Strecke aufgibt! Statt zu sagen, Fortschritt besteht aus Versuch und Irrtum, schlage ich die Formulierung vor: Fortschritt besteht aus Versuch und Erfolg!

Im Kurs „Du und dein Geschäft" formulierten wir Versagen folgendermaßen um: „Alle Fehler sind großartige Momente des Lernens!"

Einer der Kursleiter ließ uns wissen, dass er einmal Bankrott erklären musste. „Das war ein großartiger Lernmoment," fügte er mit süßsaurem Lächeln hinzu und erhielt brausenden Beifall.

- *Wenn ich Fehler mache, korrigiere ich sie und gehe weiter. Fehler weisen auf Lernschritte hin, die mich zum sicheren Erfolg führen.*
- *Versagen ist oft der erste Schritt zum Erfolg. Ich entschließe mich, alle weiteren Schritte bis zum Ziel zu gehen.*

Ihr Selbstporträt zum Erfolg

Übung

Fragen Sie sich bitte:

1. In welcher, der im vorigen Kapitel beschriebenen „familiären" Rollen stecke ich fest?
2. Fertigen Sie eine Liste an und nennen Sie mindestens drei Ihrer hauptsächlichen Sackgassen!
3. Beschreiben Sie für jede Situation: Welche Art von begrenzenden und verneinenden Geschichten/Gedanken muss ich mir erzählen, um solche Ergebnisse zu erzielen?
4. Was ist mein dazugehörendes Gefühl?
5. Vergeben Sie sich selbst für alle unvorteilhaften Überzeugungen, Entscheidungen und Handlungen in Ihrem Leben bis zum heutigen Tag und für die nächste Zukunft.
6. Formulieren Sie jeden unvorteilhaften Gedanken in Ihre persönliche, positive Bekräftigung um: „Welche Gedanken/Geschichten werde ich von jetzt an erzählen, damit ich das erreiche, was ich erwarte?"
7. Ersetzen Sie unvorteilhafte Gefühle durch motivierende, bejahende, stärkende und nährende Gefühle!
8. Führen Sie nun die motivierenden Gedanken mit den nährenden Gefühlen zusammen, z. B. durch Imagineering®, Beklopfen von Akupunkturpunkten und Affirmationen (s.hinten). Ihr Tiefenbewusstsein wird neue Konzepte schnell und begierig akzeptieren, wenn sie von starken, positiven Gefühlen begleitet werden.
9. Entwerfen Sie für jedes unvorteilhafte Verhalten, das Sie in der Sackgasse festhält, mindestens drei alternative Handlungsweisen, die Sie von heute an ausprobieren.
10. Wiederholen Sie diese Übung mindestens 21 Tage und ändern und verbessern Sie sie ständig.

Ihre Vergangenheit weggeben

Stellen Sie sich vor, an einem sonnigen Herbsttag würden Sie sich dazu entschließen, alle Erinnerungen und die dazugehörenden Gefühle wie abgefallene, alte Blätter auf einen großen Haufen zusammenzurechnen. Welche Ausmaße würde der Blätterberg annehmen und welche Form? Die Form und der Umfang Ihres Bewusstseins bestimmen sich, wie der Blätterhaufen, aus den alten Gedanken, an denen Sie festhalten. Stachelige Erinnerungen würden demnach ein stacheliges Bewusstsein bilden. Ihr Bewusstsein hat selbst die beschämenden und schmerzenden Erinnerungen lieb gewonnen wie alte, sentimentale Schnulzen.

Sind Sie bereit, Ihre CD-Sammlung radikal zu erneuern und die „Oldies" wegzugeben? Die eigentliche Bedeutung von „vergeben" ist weggeben oder loslassen. Können Sie Kaffee in eine bereits gefüllte Tasse gießen? – Nein! – Das Gefäß muss erst geleert werden um empfangen zu können. Genauso verhält es sich zwischen Reichtum und Ihrem Verstand. Leeren Sie Ihren Verstand, den Generator Ihres Reichtums, durch folgende Übung, damit Sie ihn mit guten Dingen füllen können.

Übung

Nehmen Sie sich mindestens eine Stunde ungestört Zeit, holen Sie sich Block und Bleistift und legen Sie los:

1. Stellen Sie eine Liste zusammen mit Menschen (angefangen bei Familienmitgliedern, Nachbarn, Spiel- und Schulkameraden, Arbeits- und Studienkollegen, Liebespartnern und Bekannten), die Ihnen nahe genug standen, um Ihnen wehgetan zu haben. Benoten Sie die Namen nach dem Schweregrad der Konflikte mit einer Graduierung von 1-10 (1 leicht, 10 schwer).

2. Gehen Sie die Liste durch und schreiben Sie auf je ein Blatt für jede Person, was damals – Ihrer Meinung nach – geschehen ist. Was haben Sie dabei gefühlt und gedacht? Welche Schlussfolgerungen haben Sie aus dem Vorfall gezogen und wie fühlen Sie sich noch heute damit?
3. Schließen Sie die Augen und sehen Sie die Person vor sich. Halten Sie ein Zwiegespräch und lassen Sie die Person wissen, wie sehr Sie sich über sie geärgert oder wie sehr Sie sie gehasst haben, etc. (Schimpfen Sie wenn nötig lauthals). Sind Sie bereit, nun, da Sie Ihren Ärger heraus- und abgelassen haben, den ganzen Vorfall wegzugeben und fallen zu lassen?
4. Hören Sie sich laut sagen, wie Sie der Person vergeben und schreiben Sie es auf den Zettel. Können Sie die schlechte Note nach unten korrigieren?
5. Knüllen Sie alle Zettel zusammen und werfen Sie sie auf einen Haufen, wie im Beispiel mit den verrotteten Herbstblättern. So viel Zorn, Wut und Schmerz haben Sie mit sich herumgetragen! Kein Wunder, dass die Energie Ihres Reichtums nicht mehr frei fließen konnte: alle Leitungen waren verstopft!
6. Der nächste Zettel ist für Sie selbst bestimmt.
   a. Vergeben Sie sich selbst, dass Sie nicht besser auf sich aufpassen konnten und sich verletzen ließen. Sagen Sie es laut und schreiben Sie es auf.
   b. Schreiben Sie nieder, wen Sie bewusst oder unbewusst verletzt haben und benoten Sie dies. – Verzeihen Sie sich dafür. Bitten Sie in Ihrer Vorstellung die betreffende Person um Verzeihung. Sagen Sie es laut und schreiben Sie es auf.
   c. Knüllen Sie auch diese Zettel zusammen und werfen Sie sie auf den Haufen.
7. Verbrennen Sie den Papierberg (Ihre unerwünschte Vergangenheit) an einem geeigneten Ort. Schauen Sie in die Flammen und trauern Sie all den Gelegenheiten nach, bei denen sich Liebe und Freude hätten zeigen können, die aber leider in Schmerz und Verletzung umschlugen. Danach schmunzeln Sie erleichtert, wie all das Elend endlich in Rauch aufgeht.

8. Bekräftigen Sie:

- *Ich bin frei! Ich habe meine unerwünschte Vergangenheit jetzt weggegeben und erwarte ab heute eine frische Zukunft voller Reichtum!*
- *Von heute an lasse ich Reichtum und Überfluss freizügig durch mich und in mich hineinströmen!*

Ausradierer und Neuformulierer

Ihre (unbewussten) Überzeugungen bestimmen Ihr Verhalten! Wünschen Sie Reichtum und Überfluss, statt Armut und Mangel, dann radieren Sie bitte alle nachteiligen Überzeugungen mit der nächsten Übung aus Ihrem Verstand aus:

„Du bist geboren, um reich zu sein und wirst unwiderruflich reich werden, wenn du deine Gaben gebrauchst!"
Ralph Waldo Emerson

a. Setzen Sie zunächst einmal hinter allen folgenden Feststellungen, die Ihrem Verstand „gewohnt" und „familiär" vorkommen, ein Kreuz.

Geld ....

ist schlecht und sündig	☐
ist nur begrenzt vorhanden	☐
bleibt nicht bei mir	☐
ist meine einzige Sicherheit	☐
verdiene ich nicht	☐
belastet mich mit Verantwortung	☐
muss ein moralischer Mensch scheuen	☐
muss ich sofort ausgeben	☐
muss ich sparen und festhalten	☐
reicht nur, um zu überleben	☐
hält nicht mit meinen Bedürfnissen Schritt	☐
kommt und geht ohne meinen Einfluss	☐

Versagen …

- bin ich gewohnt ☐
- wird sich nie ändern ☐
- erlebe ich, weil ich nichts wert bin ☐
- verdient Strafe ☐
- verdient Schmerz ☐
- erfahre ich, weil ich faul bin ☐
- passiert trotz größter Anstrengung ☐
- wird mir nicht verziehen ☐
- kann ich mir selbst nicht verzeihen ☐
- ist immer schlecht ☐
- enttäuscht andere ☐
- beweist wie unperfekt ich bin ☐
- bedeutet: „einmal ein Versager, immer ein Versager" ☐

Reichtum …

- habe ich nicht nötig ☐
- verlangt zu viel von mir ☐
- ist für irgendwann später, nicht heute ☐
- ergibt sich durch Mühe und harte Arbeit ☐
- wird durch Unlauterkeit erworben ☐
- stört mein spirituelles Wachstum ☐
- zieht falsche Freunde an ☐
- stößt meine alten Freunde ab ☐
- erweckt Neid in anderen ☐
- stellt meinen … (Vater, etc.) in den Schatten ☐
- schaffe ich mir allein, ohne Hilfe ☐
- will ich niemanden daran teilhaben lassen ☐
- macht mir Angst, ist ungewohnt ☐
- ist nicht mein Stil ☐
- verliere ich doch wieder ☐
- halte ich um jeden Preis fest ☐
- ist verlässlicher als Menschen ☐
- ersetzt Glück, Liebe und Gesundheit ☐
- ist meine einzige Sicherheit ☐

b. Lesen Sie die angekreuzten Feststellungen eine nach der anderen laut. Schließen Sie die Augen und sehen Sie, wie jede Feststellung auf einer Schultafel (Leuchtschrift, Computerschirm, etc.) auftaucht, von der Sie sie abwischen oder auslöschen.
c. Formulieren Sie nun eine alternative, bejahende und optimistische Botschaft auf der gegenüberliegenden Spalte.
Achten Sie darauf, dass Ihre bejahende Feststellung ausschließlich positive Worte enthält. Vermeiden Sie „nicht", „nein", „nie", „kein". Wollen Sie: „Reichtum macht mir Angst" umformulieren, dann lautet eine unwirksame Neuformulierung: „Reichtum macht mir keine Angst." Eine korrekte und hilfreiche Bekräftigung würde hingegen lauten: „Reichtum ermutigt mich und gibt mir Sicherheit."
d. Lesen Sie eine Woche lang jeden Tag die alte und die neue Formulierung.
e. Nach einer Woche falten Sie dann die alte Feststellung nach hinten um und lesen für die nächsten 21 Tage nur noch die bejahenden Bekräftigungen.

„Erfolg und Reichtum sind spirituelle Attribute, die allen Menschen eigen sind, aber nicht notwendigerweise von allen Menschen genutzt werden."
Ernest Holmes

Nichts ist erfolgreicher als Erfolg!

Zehn Zutaten zum Erfolg!

1. Beharrlichkeit: Große Erfolge sind die Summe von vielen kleinen Erfolgen.
2. Absicht: Wissen Sie, was Sie wollen! Schaffen Sie sich ein starkes Motiv, welches Sie leiten wird (z. B. das Haus am Meer, etc.).
3. Selbstvertrauen: Selbstvertrauen sollte zu Ihrem Reichtum beitragen und nicht Ihr Reichtum zu Ihrem Selbstvertrauen. Vertrauen Sie – ungeachtet aller Widerstände – auf Ihre Fähigkeit, Ihre Pläne und Träume zu verwirklichen. Seien Sie bereit, Ihre Ideen inmitten einer indifferenten Welt zu verkaufen!

4. Ausdrückliche Planung: Organisieren Sie Ihre Arbeit und erstellen Sie definitive Pläne, auf die Sie sich und Ihre Mitarbeiter festlegen und einschwören. Diese können nur nach Rücksprache geändert werden.
5. Kennen Sie Ihr Gebiet! Je präziser Ihr Wissen über Ihr Fach, desto höher die Erfolgsrate.
6. Zusammenarbeit: Erfolgreiche Menschen kennen das Geheimnis sich unterstützen zu lassen, indem sie andere unterstützen.
7. Beziehungen: Einem Journalisten, der 10 frisch gebackene amerikanische Millionäre interviewte, fiel auf, dass fast jeder von Ihnen über gigantische persönliche Adresskarteien verfügte: Erfolg erreichen Sie gemeinsam und mit Hilfe von anderen Menschen! Das Universum schüttet seinen Reichtum durch die Hände anderer Menschen aus!
8. Willenskraft: Wille ist ein mächtiger Motivator, besonders dann, wenn Ihr beschränkter „persönlicher Wille" an einem Strang zieht mit dem viel umfassenderen „universalen Willen".
9. Wünschen: Geben Sie nie auf, Ihren Träumen zu folgen und Ihre Wünsche Wirklichkeit werden zu lassen!
10. Routine: Bejahendes Denken praktizieren, bis es zum Reflex wird, „auf dem Pfad bleiben" und dennoch wie beim Surfen „die Krone der Welle reiten".

„Ich habe lieber einen Anteil von 1% an den Bemühungen von 100 Menschen als 100% Mühe allein."
Paul Getty

Die Gründer großer Vermögen, z. B. Henry Ford oder Thomas Edison, verfügten fast alle über die folgenden menschlichen Qualitäten, die zu Ihrem Erfolg beitrugen: Humor, Mitgefühl, Geduld, Imagination, spirituelle Weitsicht.

Erfolg ist im Endeffekt nicht, ein großes Vermögen anzuhäufen, sondern ein erfülltes Leben zu genießen, in dem wir erreichen, was wir uns vorgenommen haben. Es gibt dabei keine absolute Obergrenze für Erfolg. Die Frage ist: „Wie viel davon können Sie vertragen?" Erweitern Sie die Grenzen Ihres Erfolges und wiederholen, summen oder singen Sie die folgende „Erfolgslitanei":

Erfolg…
…ist meine Natur;
…erwarte ich täglich;
…darf ich fordern;
…liegt mir zu Füßen;
…kommt durch Vertrauen;
…wächst mit mir mit;
…ist Teil des universellen Flusses;
…belohnt die Beharrlichen;
…erfordert Handeln ohne Mühe;
…ziehe ich an wie ein Magnet;
…kommt, weil ich 100 % an mich glaube;
…ist mein Geburtsrecht;
…ist das Endergebnis vieler Irrtümer;
…kommt auch zu den Verletzlichen, Sensiblen und Zartbesaiteten!

Bitte lesen Sie dieses Kapitel wieder und wieder und prägen sich die Litanei tief in Ihr Tiefenbewusstsein ein.

Übung

Bitte holen Sie sich Papier und Bleistift und schreiben Sie spielerisch einen Brief, in dem Sie sich selber preisen und Ihre Erfolge aufzählen. Hören Sie beim Schreiben oder Lesen des Briefes herablassende und kritische innere Stimmen, dann formulieren Sie bitte jeden dieser Kommentare sofort in eine bejahende Bekräftigung. Sie wollen 100 % hinter Ihrem Lob stehen. Tragen Sie das, worauf Sie zu Recht stolz sind, für jedes Viertel Ihres Lebens in Ihre persönliche Erfolgs-Kartei ein, die Sie sich hier bitte erstellen:

Erfolgs-Kartei

Lebenszeit	Was ich bisher erfolgreich geleistet habe
Erstes 1/4	
Zweites 1/4	
Drittes 1/4	
Nähere Zukunft	

Schaffen Sie sich eine Erfolgs-Ecke in Ihrer Wohnung, wo sie die Kartei, den Brief und allerlei Trophäen und Erinnerungen an Ihre Erfolge zur Schau stellen. Sie wollen mit der Erfolgs-Ecke nicht aufschneiden. Sie umgeben sich vielmehr mit bejahenden Stimuli, die Sie ermutigen und optimistisch stimmen.

„Was hast Du über Leute zu sagen", wollte Yvonne in meinem „Mut zum Reichtum"-Seminar wissen, „die erfolgsbesessen sind?" Erfolg kann zu Ersatz für Liebe und mitmenschliche Beziehungen werden. Es gibt „Erfolgholiker", die ihre „Aufregungs-Kicks" aus den Risiken beziehen, die sie mit ihren Investitionen eingehen. Eingangs habe ich bereits erwähnt, dieses Verhalten zeige sich dann, wenn entweder der mentale oder der emotionale Körper sich selbst überlassen bleiben. Wirklicher Erfolg ist erfüllend für alle vier Seiten Ihres Wesens. Wirklicher Erfolg ist nicht ausschließlich auf sich selbst gerichtet, sondern schließt auch immer ein bisschen Erfolg für das Ganze mit ein.

Reichtum – Die Substanz aus der Sie bestehen!

Hier folgt das Herzstück vom Verständnis von Reichtum und Erfolg. Wie immer, so wird sich auch diesmal Ihr Verstand gegen wirklich neue Gedankengänge zu verschließen suchen, bis er Gefallen an den neuen Einsichten findet. Bringen Sie ein bisschen Geduld auf und lesen Sie diesen Abschnitt mehrmals durch.

Physiker diskutieren in den letzten Jahren schon nicht mehr über subatomare Partikel, wie Quarks, sie sind nicht mehr so wild darauf, zu ergründen, ob das kleinste Teilchen im Universum ein punktförmiges Partikelchen ist oder ein Fädchen: Die hitzige Diskussion dreht sich vielmehr um den Raum *zwischen* den Atomen. Raum gibt es in diesem Kosmos in Hülle und Fülle: entweder als Zwischenraum zwischen den Sternen oder als Freiraum zwischen Elektronen und Atomkernen. Ist dieser Raum ein Vakuum, ein Nichts? Ist er erfüllt von etwas, was manche Physiker für das Wichtigste halten, was sie bisher gefunden haben: Ein Kraft – oder Ener-

giefeld? Bei der Suche nach den Geheimnissen des Kosmos hatten sie sich bisher auf Materie (Atome und deren Bestandteile) konzentriert. Diese sind jedoch nur Ausdruck eines Energiefeldes, in dem diese Teilchen schwimmen und aus dem sie sich formen.

Der Fisch im Wasser kommt aus dem Wasser! Wir würden den Ozean nicht verstehen, wenn wir nur seine festen Bestandteile wie Salz, Krebse, Fische, etc., analysieren würden. Dieses Kraftfeld ist das große Energiereservoir, in dem die Materie lebt. Die Energie des Kraftfeldes kann sich zu dieser Materie verdichten, als sich auch aus der Materie wieder in ein Energiefeld zurückverwandeln. Metaphysiker haben dieses Kraftfeld durch die Jahrtausende mit verschiedenen Namen bereits benannt. „Unendliche Intelligenz", „Energie", „die Kraft", „das Tao", „Allah", „Gott", etc. Das Universum ist demnach ein unvergänglicher Energiestrom, der ständig nach neuen Ausdrucksformen sucht! Als Menschen sind wir gleichzeitig Ausdruck und Teil dieser Kraft!

Ventile des Reichtums

Bisher haben wir unsere Welt entweder durch den Filter des Verstandes wahrgenommen oder durch die Gefühle unseres Egos interpretiert.

Verstand, das ist sozusagen die Software in unserem Gehirn; die Programme, die uns standardgemäß zur Verfügung gestellt werden und die auf Signale von außen – über unsere Sinne – reagieren.

Ego, das ist der Teil von uns, der für unser Überleben sorgt. Hier trifft Bewusstsein und Tiefenbewusstsein auf die subjektive Gefühlswelt, um auf den Verstand einzuwirken und ihn zu modifizieren.

Unser persönlicher Anteil am universellen Kraftfeld – auch Essenz genannt – ist das, was uns im innersten Wesen ausmacht. Am anschaulichsten lässt sich das mit einer Troika verbildlichen: Ihr Körper stellt den Wagen dar, Ihre Essenz den Wagenlenker und die Pferde heißen Verstand und Ego. Sollte es möglich sein, dass wir bisher den Karren vor die Pferde gespannt haben?! Waren wir als Wagenlenker abwesend und haben uns durch die Pferde in verschiedene Richtungen zerren lassen? Wenn die Essenz führt, dann gibt es keine Begrenzungen und keinen Mangel.

Bekräftigen Sie:

- ***Meine Essenz ist mein privater und persönlicher Anteil am universellen Kraftfeld.***
- ***Meine Essenz ist das Stückchen aus dem Energiefeld, das nur für mich da ist, um mich bedingungslos zu lieben und zu erhalten! Ich schwimme im Überfluss wie ein Fisch im Wasser! Reichtum ist mein Milieu!***

Verstand und Ego sind jedoch begrenzt durch die ihnen eigenen Beschränkungen. Elektrischer Strom fließt beständig. Der Schalter verhindert, dass er die Glühbirne erreicht. Ein Dimmer-Schalter dosiert die Strommenge. Ego und Verstand sind solche Dimmer! Ihre Essenz kennt keinen Mangel. Ihre begrenzenden Gedanken und Gefühle jedoch schaffen einen Panzer, an dem die universelle Energie abzuprallen droht. Ihr Tagesbewusstsein stößt die Energie, die Ihnen vom Kraftfeld angeboten wird, wie ein imprägnierter Regenmantel ab!

Es gibt keine Grenzen, nur begrenzende Gedanken und Gefühle!
Ich lege deshalb so großen Wert auf unsere Imaginationen, weil sie wie eine Kamera oder ein Fax fortwährend Bilder auf das Kraftfeld projizieren, die dann in unsere sichtbaren dreidimensionale Welten erscheinen.

Der Physiker Heisenberg bewies, dass der Beobachter physikalischer Prozesse den Ausgang des Experiments beeinflusst: Verstand wirkt auf Materie ein! Wir sind „foto-kreativ" oder „foto-aktiv"! Je präziser Sie Ihre Bilder auf die Substanz projizieren, desto größer ist die Chance, dass das Kraftfeld sie materialisiert.

Um dieses Buch zu schreiben, brauchte ich Zeit, Geld und eine große Wohnung mit Studio. Ich saß in der Klemme. Würde ich meine Praxis reduzieren, hätte ich zwar genügend Zeit, aber kaum genügend Geld, schon gar nicht für eine größere Wohnung. Zwei Monate sandte ich jeden Morgen in meiner Imagination die folgenden Bilder aus: 2000 $ in Noten und weitläufige, helle Räume. Plötzlich wurde ich gebeten, mietfrei auf Haus und Kollektion eines kürzlich verstorbenen Kunstsammlers in Santa Fe aufzupassen. Das sparte mir jeden Monat 700 $ Miete. Es bescherte mir gleichzeitig eine Villa mit Turmzimmer für meine Schriftstellerei und Ausblick auf die schneebedeckten Berge bei Santa Fe!

„Imagination ist nicht das Talent spezieller Leute. Es ist die Gesundheit und Kraft in jeder Person!"
Ralph Waldo Emerson

Der „Meister des Bewusstseins" weiß, wie er ein foto-kreatives Energiepotential in das universelle Kraftfeld projiziert, das bejahend antwortet, wenn Wunsch und Kraftfeld in einer Linie liegen. Sind die Bilder dagegen zweideutig, unvollständig oder unethisch, so werden die Wünsche dementsprechend gebrochen reflektiert.

Der amerikanische „Stealth-Bomber" kann nicht vom gegnerischen Radar entdeckt werden, weil die Radarwellen durch seine asymmetrische Konstruktionsweise deflektiert und nicht reflektiert werden. Die Strahlen fallen nicht zurück auf den Radarschirm, sondern verlieren sich in der endlosen Weite des Weltalls.

Um einander zu helfen, habe ich einen Gruppenprozess entworfen, der „Meister des Bewusstseins" heißt. Einmal in der Woche treffen sich Jerry, Lisi, Carol und ich, um uns in unserer Imaginationskraft gegenseitig zu unterstützen: Carol wollte innerhalb von zwei Monaten soviel Geld verdienen, um nach Europa reisen zu können. Dazu brauchte sie zwei Großaufträge, auf die sie das ganze letzte Jahr gewartet hatte.

Der Reihe nach wiederholten wir in unseren eigenen Worten ihren Wunsch und halfen ihr mit der Projektion ihrer Erwartung: Carol, ich verstehe, dass du zwei Großaufträge nötig hast, um das Reisegeld für Europa zu verdienen. Ich unterstütze dein Vorhaben. Ich sehe bereits, dass die Angebote auf dem Tisch liegen". Dann teilt jeder dem andern noch zusätzlich mit, welche Vision er für das Gruppenmitglied hat: „Carol, ich sehe dich bereits mit deinen Koffern am Flughafen." Wir hielten die Gruppe am Sonntagabend ab. Am Ende der Woche hatte Carol ihre beiden Großaufträge und musste sogar zwei weitere Mitarbeiter einstellen, damit sie bis zum geplanten Abflugtermin fertig wurde.

„Geld ist Gott in Aktion!"
Rev. Raymond Charles Baker

Es gibt viele Bücher und Unterweisungen, die Visualisation auf der bewussten und unbewussten (psychologischen) Ebene lehren. Es gibt wenige Werke, die Imagination und Imagineering® von der spirituellen, überbewussten Ebene her angehen. Hier einige Bekräftigungen, die Ihnen helfen, eine enge Verbindung zwischen sich und dem universellen Energiefeld herzustellen.

- *Mit meiner Essenz habe ich Teil am Kraftfeld, das das gesamte Universum erfüllt!*
- *Das universelle Energiereservoir ist die unerschöpfliche Quelle meiner Inspiration und meines Reichtums!*
- *Ich erwarte großzügigen Überfluss in all meinen Geschäften; meine gerechtfertigte Nachfrage wird vom Energiereservoir immer durch ein verschwenderisches Angebot beantwortet.*

Vollendung im Reichtum

Der legendäre Milliardär John D. Rockefeller war acht Mal verheiratet. Er starb einsam und bitter, ohne herausgefunden zu haben, was Liebe wirklich ist.

Ich habe nur selten Menschen getroffen, die alle vier Aspekte ihres Wesens ins Gleichgewicht gebracht haben. Die meisten sind damit beschäftigt, einen, höchstens zwei ihrer Potentiale zu entwickeln. Der eine ist finanziell reich, aber vernachlässigt Gesundheit und Beziehungen. Der andere meditiert ein paar Mal am Tag und schafft sich eine Fülle von spirituellen Erfahrungen, kann aber nicht einmal seine Miete bezahlen. Ein Dritter verdient monatlich 20 000 € und verwaltet es so ungenügend, dass er am Ende des Monats dennoch pleite ist.

Die folgende Übung soll zeigen, wie Sie alle vier Aspekte Ihrer menschlichen Existenz, Körper, Gefühle, Verstand und Ihre Essenz zufrieden stellend ins Gleichgewicht bringen. So erfahren Sie vollendeten Reichtum!

Übung

Ihre vier harmonischen Reichtümer

Entspannen Sie sich durch eine der Methoden, die Sie bereits kennen gelernt haben. Vergessen Sie dabei nicht, tief durch den geöffneten Mund in Ihren oberen Brustkorb zu atmen, um Ihr Herz mit Energie aufzuladen.

Sie stehen am oberen Ende einer Freitreppe, deren 10 Stufen in einem friedlichen Park hinabführen. Mit jedem tiefen Atemzug steigen Sie eine der Stufen in die Entspannung hinab, bis Sie im sanften duftenden Gras stehen. Ein moosbedeckter Pfad führt zu einem Hain. Sicher haben Sie schon stattliche Pappeln gesehen; manchmal erscheinen diese wie Säulen eines Tempels, die den Himmel tragen. Vier glänzende bunte Luftballons liegen im Hain zu Ihren Füßen. Jeder ist beschriftet mit einem Titel wie: Geld, Essenz, Gefühle und Verstand. Sie heben die Ballons auf, halten drei in einem Arm und werfen den Vierten in die Luft (Welchen haben Sie als ersten gewählt?). Schließlich beginnen Sie zu jonglieren. Sie halten alle vier Ballone zugleich am Schweben, indem Sie sie mit Ihren Fingerspitzen immer wieder hochstippen.

Ihnen wird dabei ziemlich heiß, denn Sie hüpfen ständig hin und her und sind von diesem Spiel begeistert. Schließlich erreichen Sie, dass alle vier Ballone harmonisch auf gleicher Höhe schweben. „Ich kann einen Moment meine Hände in den Schoß legen," denken Sie bei sich. Als Sie die Arme erleichtert sinken lassen, bemerken Sie, dass die Ballone sich von selbst gegenseitig in der Schwebe halten.

Die Harmonie der Ballone hat eine neue Einheit und Kraft geschaffen, die jeder einzelne nicht zu produzieren imstande war. Als wirkten unsichtbare Kräfte auf sie ein, bewegen sie sich auf und nieder und tanzen miteinander. Entzückt betrachten Sie, wie die bunten Bälle Kreise, Vierecke, Ausrufezeichen und andere geometrische Figuren formen.

Ihr Blick schweift von der Hülle der schillernden Ballone auf die Zwischenräume. Statt der Objekte nehmen Sie nun den freien Raum zwischen ihnen wahr. Während Sie sich auf den Freiraum zwischen ihnen konzentrieren, ist Ihnen nicht mehr klar, was zuerst da war: der freie Raum * oder die Ballone. Diese sehen aus, als wären sie aus dem Zwischenraum ausgeschnitten.

Sie dürfen nun mit der Macht spielen, die Energie nach Ihrem Gutdünken in einem Ballon zu vermehren und aus dem anderen herauszulassen. Die einen werden schlaff, während sich die anderen prall aufblähen. Es steht ein unerschöpflicher Vorrat an Energie zu Ihrer Verfügung, mit dem Sie nach Belieben spielen dürfen. Schließlich füllen Sie alle vier Hüllen mit genau derselben Menge an Energie und bringen alle in ausgewogene Harmonie. Sie werden sich bewusst, dass Sie selbst der Schöpfer/ die Schöpferin dieser Energien sind. – Wie fühlen Sie sich bei diesem Gedanken? Was spüren Sie in Ihrem Körper? – Atmen Sie tief in diese Gefühle hinein, um sie zu verankern. Die vier Ballone werden nun Teil Ihres eigenen Körpers. – In welchen Körperteilen siedeln Sie Ihren materiellen, spirituellen, emotionalen und verstandesmäßigen Reichtum an? – Probieren Sie verschiedene Plätze, die Sie nach Belieben austauschen dürfen. Werden Sie gewahr, dass Ihr eigener Körper ein aktiviertes Produkt der Kraft ist, die sich zu Materie formt. Ihre Organe, Körperteile, Zellen werden durch diese Kraft sichtbar und begreifbar. Auch in Ihnen fließt der Reichtum des Universums: „Ich bin Reichtum und Überfluss!"

Reichtum ist Energie in dauernder Zirkulation! Sie fördern und dirigieren den Fluss mit Hilfe Ihrer Erwartung, Imagination und Willenskraft. Verweilen Sie so lange wie möglich in diesem Zustand und gewöhnen Sie sich an den ausgewogenen Reichtum und harmonischen Fluss. – Sie sind am Ziel: „Ich erfahre gerade vollendeten Reichtum".

---

* Der „leere" Raum zwischen den Teilchen der Atome ist wirklich das Kraftfeld, das, wenn es verdichtet und aktiviert wird, diese Teilchen entstehen lässt. Ihre Ballone sind also letztendlich Ausdruck der Energiemenge, die in sie hineinfließt und sie damit sichtbar macht: Energie verwandelt sich in Materie. Ihre unterschiedlichen Ballone mit den verschiedenen Aufschriften bestehen alle aus ein und derselben Kraft oder Substanz: Energie. Keiner ist besser, keiner ist schlechter. Würden sie platzen, gäben sie ihre Energie zurück an den Zwischenraum, der wieder etwas Neues daraus formen kann. Energie geht in diesem Kosmos nicht verloren; sie ändert lediglich von Zeit zu Zeit ihre Form.

Zählen Sie schließlich aufwärts von 1 bis 10 und öffnen Sie ab 5 die Augen, um sich zu recken und zu strecken. Sie erwachen erfrischt und entspannt, beschenkt und inspiriert. Die Realität, in die Sie nun zurückkehren, ist nicht mehr die von vorher.

Reichtum hinauftransformieren

Der folgende Prozess wird Ihnen helfen, spezifische Dinge oder Zustände in Ihrem Leben zu vermehren oder zu verbessern. Versichern Sie sich, dass Sie nur das vermehren wollen, was ethisch verantwortlich ist. Sie wollen ja nicht als „Zauberlehrling" enden, der die Flut nicht stoppen konnte, die er hervorrief.

Entscheiden Sie sich, was Sie von allen Dingen oder Zuständen am dringendsten wünschen. Auf was wollen Sie Ihre volle bewusste und unterbewusste Aufmerksamkeit richten, um es in diese Wirklichkeit zu holen? Was ist Ihnen so wichtig, dass Sie es klar und deutlich projizieren wollen (Geld, Haus, Beruf, etc.)?

Übung

Entspannen Sie sich mit der Methode Ihrer Wahl. Atmen Sie sich hinab in die Entspannung.

1. Haben Sie das Objekt gewählt und sehen Sie es vor sich? – Umgeben Sie es mit einem Kreis aus goldenem Licht. – Der Kreis summt leise, wie ein elektrischer Lichtbogen.
2. Füllen Sie sich nun selbst mit goldenem Licht aus dem unerschöpflichen Vorrat des universellen Energiereservoirs. – Lassen Sie sich mit der energetischen Kraft voll laufen und fühlen Sie Wärme und Vibration in Ihrem Körper aufsteigen.
3. Sie könnten diese Strahlung und Energie nun in das Objekt projizieren. Vielleicht sehen Sie es vibrieren und funkeln. Füllen Sie es auf mit bejahenden Schwingungen.
4. Laden Sie es auf mit Worten, wie: „Ich sende dir das Licht meiner höchsten Qualitäten. Ich schlage eine Brücke von der universellen Energie zu dir. Ich sehe dein Bild vor mir und verstärke es, damit

alles in Bewegung gesetzt wird, um dich in der Wirklichkeit zu manifestieren.

5. Sind Sie erfreut und dankbar? Fühlen Sie, wie das Erwünschte bereits zu Ihnen unterwegs ist. Senden Sie einen Lichtstrahl aus Ihrem Herzen zu allen Mitmenschen, die Sie an Ihrem Überfluss und Ihrer Freude teilhaben lassen wollen.
6. Lassen Sie das Bild nun verblassen und am Horizont in den Kosmos hinein verschwinden.
7. Zählen Sie sich aufwärts von 1 bis 10 und fühlen Sie sich erfrischt und belebt.
8. Fertigen Sie eine Zeichnung vom Objekt im Kreis an und hängen Sie sie gut sichtbar auf.

Prachtallee zum Überfluss

Das Gefühl von Dankbarkeit

Dankbarkeit ist nicht nur eine wichtige soziale Geste, sondern auch ein äußerst schöpferischer Bewusstseinszustand. Der universellen Intelligenz (Tao, Gott etc.) kann es im Grunde genommen egal sein, ob Sie sich bedanken oder nicht. Dankbarkeit wirkt in erster Linie auf Sie selbst positiv zurück: Das dankbare Herz öffnet sich dem universellen Fluss!

„Ein dankbarer Verstand ist ein großartiger Verstand und zieht großartige Dinge an!"
Platon

Etwas wünschen, wollen oder erhoffen entsteht immer aus einer Position von Mangel:
Sie wollen ein Auto, weil Sie keins haben. Sie wollen Gewicht verlieren, weil Sie sich zu dick vorkommen. Der dankbare Verstand lobt und preist bedingungslos! Er ist dankbar für alles, was er jemals empfangen hat. Er urteilt nicht. Er konzentriert sich auf das, was er bereits hat und lässt es wachsen und gedeihen.

Oft begrenzen Sie den Segen des Überflusses, indem Sie spezifisch nur ein oder zwei Dinge erwarten. Sie verpassen das, was Sie sonst noch hätten empfangen können. Dankbarkeit ist eine ständig aufrechterhaltene Einladung an das universelle Energieangebot. Senden Sie Dankbarkeit mehrmals am Tag aus und zwar bedingungslos.

Meditieren, Beten und Handeln....

Verschiedene religiöse Überzeugungen benutzen diese drei Methoden in unterschiedlichen Proportionen. Gebet wird häufig missverstanden als Bettelei. Dann aber vermischen Sie Ihr Anliegen mit Furcht, Angst und Zweifel – Gefühle, die Sie eigentlich besser nicht ins Universum projizieren sollten. Gebet hat keinen direkten Einfluss auf die materielle Wirklichkeit. Sie können noch so intensiv zu beten beginnen, wenn die Polizei vor Ihrer Tür steht, das gestohlene Auto verschwindet deshalb nicht aus Ihrer Garage.

Der Gründer der „New Thought"-Bewegung, Ernest Holmes, glaubt nicht, dass Beten Naturgesetze außer Kraft setzen kann. Über das Beten sagt er: „Gebet verändert das Bewusstsein des Betenden." Im Gebet unterbreiten wir dem Universum unsere Pläne! In der Stille, die dem Gebet folgen sollte, hören und akzeptieren wir seine Antworten.

Meditation wird häufig mit Kontemplation verwechselt. Während man in Kontemplation über etwas nachdenkt, lässt der wirklich meditierende Mensch sein Denken versiegen: Meditation leert den Verstand. Meditation befreit vom binären Denken über die dreidimensionale, beschränkte Wirklichkeit und öffnet sich der universellen Kraft. Meditation ist Kommunion ohne Worte. Es kommt aus dem Sanskrit-Wort „Dhyan" und bedeutet „Nicht Denken".

Bedeutungsvolles Handeln fließt aus der Kommunikation mit universeller Kraft; beschränktes Handeln aus Verstand und Ego: Das Universum unterstützt alle meine Pläne, wenn ich und die universelle Energie in Übereinstimmung handeln.

Die Weisheit Geld auszugeben

Das Prinzip der Multiplikation

Ausgeben ist zirkulieren lassen. Als Natalie den Scheck für ihre Beratungssitzung ausfüllte, kritzelte Sie noch etwas entlang des oberen Randes. Zu meinem Erstaunen las ich: „Jeder ausgegebene Euro kommt multipliziert zu mir zurück!“

Sie erläuterte lächelnd: „Bei jeder Ausgabe bekräftige ich, dass ich das zehnfache zurück erhalten werde. Auf diese Weise habe ich keine Angst, mein Geld wegzugeben und die sichere Erwartung, immer mehr als genug zum Ausgeben zu haben“. „Die spinnt“, urteilte ich innerlich. – Drei Tage später rief Natalie an und erzählte mir freudig, sie habe gerade ihre Steuerrückzahlung in Höhe des zehnfachen meines Honorars erhalten.

Geld ist so viel wert, wie das Papier auf dem es gedruckt steht, wenn es nicht zirkuliert. Statt über Preise, Rechnungen und Ausgaben zu stöhnen, können Sie sich genauso gut die Menschen vorstellen, denen Sie Brot und Arbeit geben und die wiederum Ihre Geschäfte florieren lassen:

- ***Ich lasse mein Geld freudig los und sende es hinaus, damit es vermehrt und multipliziert zu mir zurückkehrt.***
- ***Indem ich Geld verdiene und ausgebe, schaffe ich Reichtum für alle.***

Das Prinzip des Verhandelns

Geldaustausch setzt immer eine Beziehung voraus: Käufer/Verkäufer, Geber/Nehmer.

Da Geld ein Phantasieprodukt ist, sind auch die Preise zufällig. Sie entspringen der Imagination des Verkäufers. Wenn die Worte „Fashion“ oder „Boutique“ über dem Kleiderlädchen an der Ecke flimmern, dann können Sie sich sicher sein, dass die Besitzerin 300-400 % auf das Fähnchen mit dem französischen Etikett draufschlägt.

Wenn Sie jedoch Ihre eigene Phantasie über den Preis haben, dann nehmen Sie sich das Recht zu verhandeln! Verhandlung erfolgreich durchgeführt, ist ein Prozess, bei dem beide Parteien bekommen, was sie wollen. Der Kunde will weniger bezahlen, als verlangt wird und der Verkäufer mehr einnehmen als er selbst für die Ware bezahlt hat. Das Preisschild ist ein Vorschlag, nicht sein Verdikt! Wenn Sie gewinnen und er gewinnt, schaffen Sie eine zufrieden stellende Situation: Gewinnen plus Gewinnen!

Das Prinzip der positiven Zahlungsbilanz

Grundregel: Achten Sie darauf, dass immer mehr Geld hereinkommt, als herausgeht! Drohen Sie in die „roten Zahlen" abzurutschen, dann denken Sie sofort darüber nach, wie Sie in dieser Woche extra Geld verdienen können, um immer einen positiven Geldfluss beizubehalten.

„Ich bin doch angestellt," gab mir Erika im Seminar als Antwort zurück, „da kann ich doch nicht einfach mehr Geld machen!" Ich erklärte ihr, wie anders die Amerikaner über ihr Einkommen denken und wie viele nebenher als Hobby noch Vitamine, Antiquitäten, Wasserfilter oder Versicherungen verkaufen.

- *Ich mache immer genug Geld und schreibe eine positive Bilanz!*
- *Geld braucht mich, um zu zirkulieren!*
- *So frei wie mein Geld kann auch ich zirkulieren!*

Verwandeln Sie, wenn möglich, jede finanzielle Transaktion in einen Verdienst. Meine Telefonrechnung ist keine Ausgabe, die mir Verlust einbringt. Meine Telefonleitung ist der Kabel zu Mehrverdienst und Reichtum, weil ich nebenher noch viel Dinge verkaufe und geldbringende, kreative Projekte laufen habe. Machen Sie Ihre Ausgaben zu Motoren für ein besseres Einkommen!

– ***Reichtum ist mein Zustand, in dem ich immer gerade das tun kann, was ich will, genau zu dem Zeitpunkt, an dem ich es wünsche!***

Mehr einnehmen als ausgeben!

Wie viele von Ihnen lassen Ihr Geld auf ein Gehaltskonto überweisen, um dann unbesehen Schecks zu schreiben oder abzuheben, bis Sie „rot" sehen? Viele Menschen machen nie Gewinn; sie schuften sich ab, um ihre Ausgaben reinzuverdienen.

Dieter hat eine Bombenpraxis und setzt nach meiner Schätzung eine viertel Million Euro um. Jedes Quartal ist er einige Zehntausend hintenan, weil er sich über seine Arbeit hinaus keine Zeit nimmt, seine Ausgaben im Auge zu behalten.

„Geld ist Gottes Idee, Bewegung in mein Leben zu bringen!"
Raymond Charles Barker

Viele Leute verdienen sehr viel Geld und sind doch arm. Mein Freund Steward, ein erfolgreicher Rechtsanwalt, ist meistens am Ende des Monats pleite. Mein Freund Chris, Möbelschreiner mit mittlerem Einkommen, besitzt auch am Monatsende ausreichend Bargeld.

Übung

Ihr Ausgabenpegel

Die folgende Übung soll dem abhelfen. Bitte füllen Sie den Fragebogen ehrlich aus, bevor Sie weiterlesen.

Ihr Einkommen- und Ausgaben – Status für den Monat ____________

Einkommen

Bruttoeinkommen ____________ €

minus Abzüge
(Steuern, Sozialabgaben, Krankenversicherung) ____________ €

Nettoeinkommen ____________ €

Extra Einkommen aus Zinsen und Dividenden ____________ €

Steuerrückzahlung ____________ €

Geldgeschenke ____________ €

Andere ____________ €

Totales Nettoeinkommen ____________ €

Festgelegte Ausgaben (zu denen Sie sich verpflichtet haben)

Miete/Hausdarlehen ____________ €

weitere Mieten
(Garage, Wochenendhaus, zweite Hypothek etc.) ____________ €

Strom, Gas, Wasser, Abfall	____________ €
Teilzahlungen (Auto, Möbel, etc.)	____________ €
Versicherungen (Auto, Leben, Feuer, priv. Gesundheit, Ausbildung etc.)	____________ €
Regelmäßige Zahlungen (Unterhalt etc.)	____________ €
Beiträge (Vereine, Buchclubs, Zeitschriften)	____________ €
Sparverträge, Sparversprechen	____________ €
Andere	____________ €
Gesamtsumme festgelegter Ausgaben	____________ €
Variable Ausgaben (monatlich wechselnd)	
Telefon	____________ €
Strom, Wasser, Gas	____________ €
Transport (Benzin, Bus, Bahn)	____________ €
Unterhalt/Reparatur (Haus, Auto, etc.)	____________ €
Babysitter, Kindergarten	____________ €
Lebensmittel und Alkohol	____________ €
Kleidung (Neukauf, Reinigung etc.)	____________ €
pers. Pflege (Frisör, Kosmetik etc.)	____________ €

pers. Wachstum und Fortbildung
(Bücher, Kurse, Seminare, Therapie) ____________ €

Erholung (Restaurant, Kino, Party, Sport) ____________ €

Gesamtsumme variable Ausgaben ____________ €

Gesamtausgaben (fest und variabel) ____________ €

Nettoeinkommen ____________ €

minus Gesamtausgaben ____________ €

bleibt übrig: +/–
(für Sparen, Investieren) ____________ €

Als ich diese Übung im Kursus „Du und dein Betrieb" vollendet hatte, wurde mir zum ersten Mal klar, dass ich in den meisten Monaten mehr Geld ausgab, als ich einnahm. Kurz gesagt, ich war faktisch pleite! Ich lebte von der Hand in den Mund und all mein Verdienst ging regelmäßig für meine Ausgaben drauf: kein Spielraum für Prosperität!

„Ihr Prozentsatz-Budget"

Danach versuchte ich meine Ausgaben so genau wie möglich festzulegen und ... verlor sehr bald die Lust ein Euro-Budget aufzustellen. Nachdem ich für Einnahmen und Ausgaben Bilanz gemacht hatte, war ich jedes Mal schon fast wieder pleite und es schien nie genug übrig für Extras, Sparen und Investieren. Statt des schwerfälligen Euro-Budgets lässt sich ein Prozentsatz-Budget viel flexibler handhaben und so kreativ jonglieren, dass am Ende des Monats noch „Spielgeld" übrigbleibt.

1. Stellen Sie ein monatliches Prozentsatz-Budget für sich auf, in dem Sie acht bis zehn übergeordnete Ausgaben-Kategorien schaffen:

Miete/Nebenkosten	23 %
Steuern/Sozialabgaben	15 %
Transport/Kommunikation	8 %
Lebenshaltung	27 %
Zahlung/Schulden	17 %
Erholung/pers. Wachstum	10 %
Summe	100%

Studieren Sie Ihr Prozentsatz-Budget und entscheiden Sie, für welche Kategorie Sie weniger Geld ausgeben wollen, um den Anteil lieber in eine andere Kategorie zu stecken.

Harald ging zum Steuerberater. Dieser Gang senkte seine Ausgaben. Er konnte danach mehr Prozente in seine Miete stecken und sich eine bessere Wohnung leisten.

Claudia wollte im Juli einen größeren Prozentsatz in ihre Feriengarderobe stecken und dafür das Nahrungsmittelbudget kürzen, Sie rief ihre Bekannten an: „Wie oft geht ihr auswärts essen?" – „Mindestens jede Woche einmal." – „Wie viel gebt ihr dabei aus?" – „So um die 25 € pro Person." – „He, ich koche am Samstag für die ganze Bande griechisch, für 10,- € seid ihr dabei!" – Diesen Samstag aß sie nicht nur umsonst, sondern machte auch noch Geld.

Das Prozentsatz-Budget kommt aus einem Bewusstsein von Überfluss und nicht aus Angst, denn Sie können nie unter 100 % fallen. Außerdem gibt es Ihnen Kontrolle und Macht mit Hilfe Ihres Ideenreichtums beliebig zu jonglieren.

Die Weisheit Schulden zu machen und Geld zu leihen

Medizinische Untersuchungen haben herausgefunden, wie groß der Stress ist, der auf Schuldnern lastet. Eine Stress-Skala zeigt Höchstwerte von 100 % für den plötzlichen Tod eines geliebten Menschen, 70 % für eine Scheidung und 37 % für ein Darlehen über 5000 € (dagegen nur 17 % für ein Darlehen unter 5000 €). Grund genug mehr über Schulden und ihre Abtragung herauszufinden!

Oberste Schuldengrenze: 20 %

Bitte stoppen Sie, wenn Sie noch können, Ihre Verschuldung bei 20 % Ihres Nettoeinkommens. Ein Blick auf Ihr „Prozentsatz-Budget" und Sie können sich ausmalen, wie die Schulden langsam aber sicher Ihr gesamtes Budget überwuchern. Falls Sie sich bereits tiefer verschuldet haben, als klug gewesen wäre, hier einige praktische Notfallmaßregeln:

1. STOP! – Kein Geld mehr leihen!
2. Bezahlen Sie nur noch bar (lassen Sie die Kreditkarte zuhause).

3. Sammeln Sie alle Belege und halten Sie Ihre Ausgaben streng im Auge (eine gute Gelegenheit endlich Buch zu führen).
4. Passen Sie Ihr „Prozentsatz Budget" den Schulden an: Drücken Sie Ihre Ausgaben auf unter 70 %, damit Sie mindestens 20 % zur Tilgung Ihrer Schulden übrig haben.
5. Sparen Sie die restlichen 10 %! Warten Sie nicht mit dem Sparen, bis Sie schuldenfrei sind, denn es ist nicht motivierend nur für den Schuldenberg zu arbeiten.
6. Gebrauchen Sie nicht mehr als 20 % Ihres Einkommens zum Tilgen. Gehen Sie zur Bank oder anderen Kreditgebern und verhandeln Sie über eine entspanntere Rückzahlung.
7. Zahlen Sie die ausgehandelten Raten unter allen Umständen. Verhandeln Sie, wenn nötig erneut; beweisen Sie Interesse und Mitarbeit Ihre Schulden loszuwerden. Machen Sie Ihre Kreditgeber nicht zu Ihren Feinden! Selbst wenn Sie sich an einen Halsabschneider verkauft haben, können Sie immer noch davon lernen, wie Sie mit Hilfe der Gewerbeaufsicht, etc, aus dem Vertrag aussteigen. Holen Sie sich Rat bei Beratungsstellen.

Ihr Kreditgeber unterstützt Ihre Pläne und Vorhaben und ist somit Ihr Ventil zum Geldfluss und damit zum universellen Energiereservoir. Neutralisieren Sie Ihre Gefühle von Angst, Schmerz und Ärger über Ihre Schulden und Schuldner mit der folgenden Übung:

Übung

1. Stellen Sie eine Liste mit allen Ihren Schulden und Schuldnern auf.
2. Danken Sie in Ihrer Vorstellung allen Kreditgebern.
3. Sehen Sie, wie Sie Ihre Schulden abbezahlen, indem Sie Geldscheine auf Ihre Tische blättern. Sehen Sie die freudigen Gesichter auf beiden Seiten.
4. Schütteln Sie einander erleichtert die Hände. Lassen Sie sich zum Abschied versichern, Sie dürfen jederzeit wieder um Kredite nachsuchen.
5. Bekräftigen Sie:

– ***Universelle Substanz hält die ausstehende Summe bereit, die ich mit Leichtigkeit verdiene, um meine Kreditgeber zufrieden zu stellen.***

- *Meine Kreditgeber sind mein Ventil zur universellen Energie, wenn ich Geld für meine Ziele brauche.*
- *Ich lege die Sorge um die Rückzahlung vertrauensvoll in die Hände der universalen Intelligenz. Die beste Lösung steht schon bereit.*

Jetzt können Sie vertrauensvoll und gestärkt all die Handlungen unternehmen, um die Schulden – wenn nötig in kleinsten Raten – zurückzubezahlen.

Diagnostiziert man bei Ihnen jedoch einen „pathologischen Umgang mit Geld", so begeben Sie sich bitte in Behandlung.

Kredit – nur mit Ertragsaussicht

Kreditkarten sind große Verführer zum Geldausgeben: „Kaufe jetzt, zahle später."

Wenn Sie schlau sind, zahlen Sie alle Ausgaben in bar und benutzen Kreditkarten nur für die Aufwendungen, die einen Gewinn versprechen!

Schulden sind keine Ausgaben, sie sind Übereinkommen, bis Sie sie zurückzahlen. Thomas leiht sich z. B. 3000 €, um den Gebrauchtwagen eines Kollegen zu kaufen, den er sicher für 3500 € wieder weiterverkaufen kann.

Kredit ist nicht für Leute in Geldnot: Kredit ist für diejenigen, deren lebhafte Imagination voller realisierbarer Ideen ist, die das Geld vermehren, das sie sich borgen.

Schulden schaffen Schicksale

Jedes Mal, wenn jemand Geld von mir leihen will, stelle ich mir die Frage: „Will ich eine Beziehung mit diesem Menschen eingehen? Will ich mich in sein/ihr Leben einbeziehen lassen und möglicherweise in die Art und Weise verwickelt werden, wie er/sie mit Geld umgeht?"

Cathy wollte meine Wohnung mieten, für die ich 700 $ Übernahmekosten verlangte. Ich war mir nicht so sicher, ob sie sich als alleinstehende Mutter mit zwei Kindern die hohe Miete und die Übernahme leisten könne. Sie gab mir jedoch 200 $ Vorauszahlung in bar und machte glaubhaft, feste Zusagen vom Vater ihrer Kinder, Schwester und Mutter für die weitere Finanzierung zu haben. Dann zerstritt sie sich mit Mutter und Schwester, der Freund brach sein Versprechen und ihr wurde gekündigt. Erst nach Monaten, nachdem ich ihr behilflich war, einen neuen Job zu finden, konnte sie mir das Geld zurückzahlen.

Erinnern Sie sich an die Nr. 5 der „Sieben Gesetze vom Geld": „Sie können Geld nie wirklich weggeben." Geld scheint mit einer unsichtbaren Nabelschnur ausgerüstet, in die sich Schuldner und Geber leicht verstricken. Wenn Sie nicht absolut klar miteinander sind, schaffen Sie Schicksal.

Steuern und „Vater Staat“

Nichts bringt Sie schneller mit Autoritätsproblemen (besonders die männliche Autorität „Vater“) in Berührung, als das Thema Steuern. Sie können sicher sein, dass all Ihre Knöpfe (falls Sie noch welche haben) über Vater, Patriarchat und Elternhaus eingedrückt werden.

Ihr Dilemma: Sie können nicht dem Staat Geld neiden und selbst reich sein wollen. Sie müssen willens sein, Landes- und Bundesregierung florieren zu lassen, damit auch Sie gedeihen. Auf der anderen Seite haben Sie ein absolutes Recht auf Ihre Steuerrückzahlung und auf steuerliche Vergünstigungen. Indem die Regierung einen Teil Ihres Lohnes einbehält, werden Sie zum Geldgeber, zum Bankier des Staates.

- *Ich habe ein absolutes Recht auf Steuerrückzahlung und alle Steuervergünstigungen!*
- *Ich bin der Bankier, der den Staat finanziert. Ich bestimme, was mit meinem Geld geschieht!*

Übung

Bitte formulieren Sie die verneinenden Feststellungen auf der folgenden Seite in bejahende Affirmationen um, und radieren Sie das Negative aus Ihrem Verstand aus:

Finanzen und Steuern ...

... davon verstehe ich doch nichts.

... öden mich an.

... verschieb ich auf später.

... machen mich unsicher und ängstlich.

... ich werde doch bloß ausgeplündert.

... die Behörden sind hinter mir her.

... die Behörden kassieren mehr als ihnen zusteht.

... erdrücken mich.

Die Weisheit Geld zu sparen

„Ein Teil von allem was ich verdiene, behalte ich rechtens für mich zurück!“
George C. Clason

Legen Sie sich zwei, drei, viele Sparbücher an! Sie bezahlen andere Leute, aber vergessen sich selbst! Sie arbeiten hart und begleichen Ihre Ausgaben. Bleibt Ihnen genug übrig, um Geld für Ihre Vorlieben auszugeben? Sparen bedeutet, Geld für einen bestimmten Zweck in der Zukunft zurückzulegen. Aber: „Das Gesparte muss verdienen!“ Lassen Sie das Geld für sich arbeiten! Im Sparstrumpf entziehen Sie es der Zirkulation und setzen es dem Moder der Inflation aus.

Mit einer Geldanlage auf der Bank können Sie jederzeit zu sich sagen:

– *Mein Einkommen vermehrt sich täglich; egal ob ich arbeite, schlafe oder spiele!*

Mit dieser Affirmation beruhigen Sie Ihre inneren Stimmen zum Thema Mangel. Die meisten haben nur ein Sparkonto, auf das sie ab und zu etwas überschüssiges Geld für „schlechte Tage“ zurücklegen. Wahrscheinlich halten Sie diesen „Notgroschen“ ängstlich im Auge und lassen ihn nur äußerst ungern los.

Folgende dynamische Vorschläge können Sparen zum Spaß machen: Eröffnen Sie zahlreiche Sparkonten, die alle verschiedenen Zwecken und Zielen dienen. Jedes dieser Sparbücher wird Ihren Ideenreichtum und Ihre Energie in neue kreative Bahnen lenken.

1. Gehalts-Sparkonto: Statt Ihr Einkommen auf Ihrem Gehaltskonto zu lassen, von dem Sie dann Rechnungen und Ausgaben abheben, legen Sie das Geld sofort nach Empfang auf Ihr Gehalts-Sparbuch. Danach heben Sie die nötigen Summen ab, aber nehmen Sie weniger herunter, als sie einzahlen. Damit entwerfen Sie Ihren eigenen freiwilligen Sparvertrag. Bald werden sich Ersparnisse in der Höhe eines Monatsgehaltes angesammelt haben.

2. Sparbuch für Großanschaffungen: Haben Sie spezielle Wünsche, die in weiter Ferne liegen? Lassen Sie dieses Sparbuch zum Aquädukt werden und Geld auf sich kanalisieren. Sobald Sie genügend Geld für den Kauf beisammen haben, heben Sie es ab, um sich den Herzenswunsch zu erfüllen. Dieses Konto ist zum Abräumen bestimmt.
   Ich sah in einer Boutique in Santa Fe den Traum einer Lederjacke für einen, für meine Begriffe, unerschwinglichen Preis. Die Lederjacke war der Grund, mein Großausgaben-Sparbuch zu beginnen. Interessanterweise erhielt ich in der Woche, in der ich das Konto abräumen wollte, einen Scheck der Krankenversicherung und konnte die Jacke bar bezahlen. Das Geld ließ ich für ein neues Auto stehen.
3. Sparbuch finanzieller Unabhängigkeit: Im Gegensatz zum letzten Sparbuch plündern Sie dieses Konto nie aus! Die Idee ist, nach und nach so viel Geld anzusammeln, dass Sie von den Zinsen leben können! Am Ende des ersten Jahres zahlte mir die Bank für dieses Sparbuch 6,21 $ Zinsen aus: zur Feier meiner finanziellen Unabhängigkeit lud ich mich zu einem Double Big Mäc ein.
4. Steuern-Sparbuch: Für die Selbstständigen unter Ihnen, die Ihre Steuern am Jahresende bezahlen, schlage ich ein Steuer-Sparkonto vor, auf das Sie jeden Monat 10 bis 15 % Ihres Bruttoeinkommens überweisen.
5. „Meine erste Million"-Sparbuch, auch genannt „Investitions"-Sparbuch: Betrachten Sie die auf diesem Sparbuch angesammelte Summe als Ihr „Spielgeld", mit dem Sie in Aktien, Kommunalobligationen oder Immobilien investieren. Dieses Sparkonto beginnt eine neue Spur in Ihrem Bewusstsein: Sie versammeln Geld, um damit auf der 5 oder 9 %-Ebene mehr Geld zu verdienen. Sie hören auf für Ihr Geld zu arbeiten und lassen es für sich arbeiten!

Der folgende Abschnitt gibt dazu einfache, praktische Erläuterungen.

Die Weisheit Geld zu investieren

„Ach, das ist mir zu kompliziert", fallen mir die einen ins Wort, wenn ich in meinem Seminar auf Investitionen eingehen will, während die anderen einwenden: „Das ist viel zu gefährlich, da kann man ja sein Geld verlieren!" „Da denken Sie wahrscheinlich an Wallstreet und Frankfurter Börse," antworte ich dann lachend, „es gibt so viele interessante und spaßige Wege, Ihr Geld gewinnbringend anzulegen!"

Investieren – aber in was?

1. In den eigenen Betrieb! – Finden Sie die Idee, deren Zeit gekommen ist und legen Sie los!
2. Immobilien: Beginnen Sie mit dem eigenen Haus oder Wochenendgrundstück und gehen Sie zu anderen Objekten über, wenn Sie genügend erfahren sind.
3. Staatsanleihen, Kommunalobligationen und Aktien: Lesen Sie später mehr zu diesem Thema.
4. Ihr Hobby: Interessieren Sie sich für Kunst, Briefmarken, Münzen, Erstdrucke, Schmuck oder Antiquitäten? Lernen Sie persönliche Besitztümer zu kaufen und gewinnbringend zu verkaufen.

„Der reichste Mann in Babylon" ist der Titel eines lesenswerten Buches (George C. Clason, „The Richest Man in Babylon", Hawthorn Books, NY), in dem der amerikanische Millionär und Geschäftsmann der breiten Öffentlichkeit den Umgang mit Geld erläutert. Über die Kunst zu investieren schreibt er: „Es bleibt in den Händen derjenigen und vermehrt sich, wenn sie vorsichtig sind und es investieren auf das Geleit vertrauenswürdiger und weiser Ratgeber hin. Du wirst es verlieren, wenn du es in Geschäfte investierst, von denen du nichts verstehst, oder vor denen du gewarnt worden bist. Du wirst es mit Sicherheit verlieren, wenn du unwahrscheinliche Gewinne einstreichen willst, den verlockenden Versprechen von Betrügern folgst und in romantischer Gefühlsduselei in dein Wunschdenken investierst."

Das Prinzip des Investierens

Hier kommen die Prinzipien des Geldverdienens, Ausgebens und Sparens zusammen und finden ihre Synthese: Sie verwenden das Geld, das Sie verdient und gespart haben und investieren es, um daran zu gewinnen. Sie brauchen keine große Summe, um zum Investor zu werden. Ich rate meinen Kursteilnehmern, mit einer geringen Summe 50 € anzufangen, um sich damit die Sporen zu verdienen. Beruhigen Sie Ihren Verstand mit folgenden Bekräftigungen:

- ***Geld ist mein Freund und folgt meinen Erwartungen.***
- ***Alle meine Investitionen bringen mir einen Gewinn!***

Schauen Sie sich nach geeigneten Investitionsmöglichkeiten um

- Was erscheint Ihnen sicher und vertrauenswürdig?
- Verteilen Sie Ihr Geld auf verschiedene Gebiete (Diversifikation), und legen Sie Ihre goldenen Eier nicht nur in einen einzigen Korb.
- Investieren Sie in Dinge, für die Sie sich begeistern und hinter denen Sie stehen können.
- Folgen Sie Ihrer Intuition: lieber einmal eine „gute Gelegenheit" ver-

passen! Achten Sie auf Angebote, bei denen Sie zögernde und warnende Gefühle haben und schieben sie diese nicht beiseite.
- Nehmen Sie anfängliche kleine Verluste als „Schulgeld" hin; lassen Sie sich nicht entmutigen: „Fehler sind große Momente des Lernens".
- Verteilen Sie Ihre Gewinne in drei Kategorien: 1. Ziehen Sie Steuern und Unkosten vom Bruttogewinn ab. 2. Legen Sie die Hälfte des Nettogewinns auf Ihr „Sparbuch für Großeinkäufe", Sie wollen sich sicherlich mit einem Teil des gewonnenen Geldes belohnen. 3. Der restliche Teil geht zurück in Ihr „Millionärs-Sparbuch" und wird, zusammen mit der Basissumme, erneut investiert.

In einem Monat Ihren Einsatz versechsfachen?

Hände weg von Spekulationen!! In den meisten Fällen ist es Naivität und unschuldige Geldgier, mit welcher der clevere Beutelschneider spekuliert, wenn er Ihnen verspricht: „Wenn Sie heute 500 € investieren, dann bekommen Sie am Ende des Monats 3000 € zurück!" Die normale Gewinnmarge unter üblichen Geschäftspraktiken liegt zwischen 8 und 12 %. Seien Sie äußerst kritisch bei Angeboten, die weit darüber liegen. Holen Sie Rat ein.

Kettenbriefe und Pyramidenspiele machen nur die ersten 4 bis 8 Investoren reich; alle anderen werden ausgeplündert. (Schneeballsysteme versteht man nur, wenn man Potenzrechnen kann: 2 x 2 = 4; 4 x 4 = 16; 16 x 16 = 256; 256 x 256 = 65 536; 65 536 x 65 536 = 42 Mio., etc. – das Ergebnis wird jedes Mal mit sich selbst multipliziert!)

Ein beliebter Trick, Ihnen das Geld aus der Tasche zu ziehen, ist, einen „dringenden Termin" zu setzen: Wenn Sie bis ... (heute Abend etc.) 5000 € investieren, dann ...! Sonst verpassen Sie DIE goldene Gelegenheit Ihres Lebens!

Investieren Sie wie Frau Oberamtmannswitwe

Zierliche alte Damen sind oft nicht ohne! Sie haben ein sicheres und kompliziertes System entdeckt, wie sie ihre Renten mit Hilfe der Börse aufbessern können, das Leonard Orr in seinen „Money Tapes" beschreibt. Für Spareinlagen geben die Banken nur 1 bis 3 % Zinsen. Unsere zierlichen alten Damen heben also ihr Spargeld bei der Bank ab und schauen sich nach Aktien um, die sichtbare Renditen von mindestens 7 % versprechen. So verdienen sie an den Aktien auf zwei Arten. – Dividende: so werden die Zinsen genannt, welche die Aktiengesellschaft ihren Mitgliedern am Ende der Abrechnungsperiode ausschüttet. Für ihre 50 € Aktie erhält die alte Dame z. B. jährlich 7 %, also 3,50 € Ertrag: Aktien werden auf einem eigens dafür bestimmten Marktplatz gehandelt: der Börse. Wertpapiere sind auch nur eine Ware. Die ersten frischen Erdbeeren im März sind besonders begehrt. Die Käufer drängen sich und der Preis steigt. Im Juli ist das Angebot so groß, dass der Preis wieder sinkt. Aktien steigen und fallen mit Angebot und Nachfrage. Nehmen wir an, die 50 € Aktie der alten Dame ist zur Jahresmitte auf 56 € angestiegen. Jetzt kann sie ihre Dividende sausen lassen, die Aktie verkaufen, ihre 50 € zurückerhalten und 6 € Ertrag einstreichen.

Basisdaten machen eine Aussage über die Stärke einer Aktiengesellschaft. Für Anfänger, die auf Nummer sicher gehen wollen, empfiehlt sich in große renommierte Gesellschaften, wie VW, IBM, Mercedes, Allianz, Veba etc. zu investieren.

Die alte Dame achtet darauf, ob die Gesellschaft in den letzten fünf Jahren: a. ihren Umsatz beständig ausweitete, b. ihre Gewinne erhöhte und c. höhere oder zumindest gleichbleibende Dividenden ausgeschüttet hat. Das entnimmt sie dem Börsenbericht oder sie fragt den netten Herrn am

Bankschalter. Von dem will sie auch die niedrigsten und höchsten Punktzahlen wissen, zwischen welchen der Wert der Aktie schwankt. Sie bevorzugt stabile Aktien, die z. B. zwischen einem Tief von 22 Punkten und einem Hoch von 44 Punkten schwanken. Sie meidet solche, die einen Tag auf 9 Punkte stehen, um dann auf 81 Punkte anzusteigen und dann wieder auf 10 Punkte zu fallen.

Susanne und Henry, beide aus der ehemaligen DDR, wollten spekulieren lernen: „Wir vereinbarten, wir würden aus einer Aktie aussteigen, wenn sie sowohl eine Höchst- als auch eine Niedrigmarke über- bzw. unterschreiten sollte. Ich habe mich daran gehalten und gewonnen. Henry ist Opfer seiner Gier geworden. In der „IT-Bubble" von 2002 hat er zu lange abgewartet, hat nicht verkauft ... und verloren."

So wie unsere alte Dame denkt die Mehrheit der Aktionäre. Verliert die Gesellschaft an Umsatz, ist nicht mehr profitabel oder geizig mit der Dividende, so ziehen sie ihr Investment zurück, tragen es zur Konkurrenz oder legen es wieder auf die Bank. Dasselbe kann geschehen, wenn bekannt wird, dass eine dieser Gesellschaften die Umwelt missachtet oder in unlautere politische Machenschaften verwickelt ist.

Wenn Sie erfolgreich ausprobiert haben, wie die alte Dame ihre Gewinne erzielt, wollen Sie vielleicht sogar Börsenspekulationen zu Ihrem Hobby machen. Dann werden Sie mehr und mehr über die komplizierte Maschinerie der Finanzwelt lernen müssen. Bleiben Sie Ihren Affirmationen treu:

- *Die Furcht vor Verlust ist mein Freund und Warner!*
- *Ich lerne aus meinen Fehlern!*
- *Alle meine Investitionen bringen mir einen guten Gewinn!*
- *Mit meinem erfolgreichen Investment trage ich zum Gesamtwohl bei!*

Erinnern Sie sich: Es ist in Ordnung heute vom Leben anzunehmen, was Sie sich schon immer gewünscht haben.

Stellen von Erfolg und Geld

Themen- und Strukturaufstellung

In der Psychoanalyse liegt der Patient, beim Coaching oder in der Gesprächstherapie sitzen sich Coach und Coachee gegenüber, beim Organisations- und Familienstellen steht und geht der Klient. In diesem Aufrichten zeigt sich die dynamische Entwicklung und das neue Bewusstsein von Beratung: „Die Erfolgs- und Geldaufstellung".

Das Anliegen

Nach ihrer Scheidung tat Ulrike sich zunächst schwer mit ihrer Existenzgründung als Visagistin. Jetzt hat sie das zu ihrer Zufriedenheit in den Griff bekommen. Das Geld jedoch möchte nicht bei ihr bleiben, so dass sie sich bisher kein „gefühltes Eigentum" in Form einer Wohnung kaufen kann. Sie sagt, sie wolle mit einem Einzimmerappartement beginnen, vielleicht könne sie sich das leisten.

Was wird aufgestellt?

Aus den Seminarteilnehmern sucht sie sich auf mein Geheiß eine Stellvertreterin für sich aus, jemanden für das Einzimmerappartement und jemanden, der das Geld repräsentieren soll. Ich bitte die Stellvertreter sich zu sammeln und von dem Moment an, wo Ulrike sie an den Schultern berührt, um sie zu den Plätzen zu geleiten, sich gewahr zu werden, was sie körperlich spüren, emotional fühlen, welche Bilder oder Worte mental erscheinen und ob sie intuitive Botschaften erhalten. Außerdem sollen sie wahrnehmen, welche Bewegungsimpulse in ihnen auftauchen: „Was wären deine nächsten Schritte, wenn du loslaufen dürftest?"

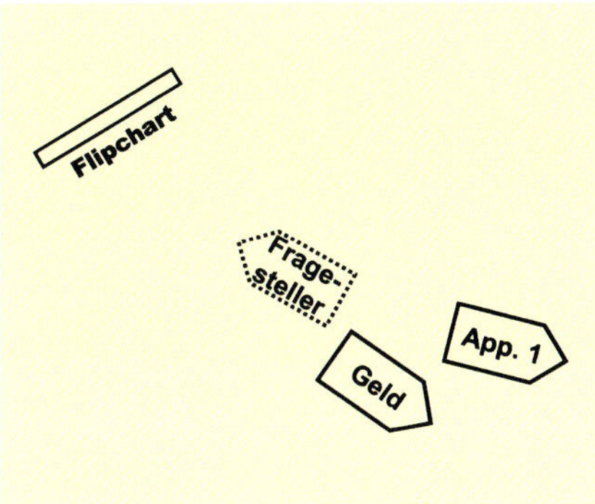

Sie stellt ihre Stellvertreterin (Focus) auf, die gegen die Wand schaut (nicht zu den Teilnehmern oder den übrigen Wänden mit Fenstern und Türen). In deren Rücken, in die Gegenrichtung (der Tür zugewandt), platziert sie den Stellvertreter für das Geld. Ebenfalls von ihr abgewandt und dem Geld den Rücken zuweisend, wird die Stellvertreterin für das Appartement hingestellt. Anschließend nimmt Ulrike selber Platz, um zu beobachten, was sich entwickelt.

Als erstes schimpft das Geld los. Es könne den Focus nicht sehen und habe keinen Kontakt zu ihr. Auch das Appartement stehe zu weit links vorne: „Ich muss ja schielen, um es sehen zu können." Das Appartement fühlt sich gar nicht wohl: „Ich möchte hier weg. Ich bin gar nicht gemeint!" Das Geld schaltet sich nochmal ein: „Ich möchte gern zum Focus. Ich gehöre dort hin, aber so, wie sie mich gestellt hat, bleibt mir ja fast nur aus der Tür zu laufen." Der Focus schwankt vor und zurück: „Ich bin wackelig. Ich bin auch unentschlossen, denn ich weiß jetzt schon, dass ein Einzimmerappartement unzureichend ist. – Ja, ich will mindestens zwei Zimmer!" „Dazu müsste ich mich mindestens verdoppeln," fällt das Geld ein.

Ich bitte Ulrike das Bild nachzubessern und ein Zweizimmerappartement und ihre Ressource (ein ihr vielleicht noch unbekanntes, hilfreiches Talent oder eine andere Kraft) dazuzustellen. Ulrike wählt zwei weitere Freiwillige aus. Sie versteckt das Zweizimmerappartement hinter die Flipchart, so dass es für den Focus und alle anderen fast nicht zu sehen ist. Die Ressource stellt sie zum Geld.

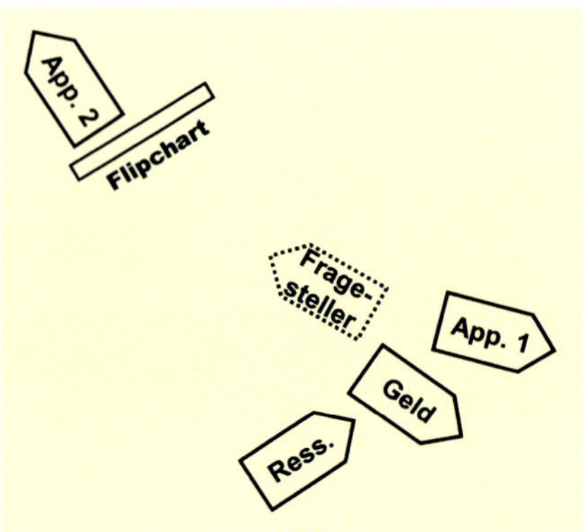

Die Stellvertreterin für die zwei Zimmer fühlt sich beengt: „In meinem Rücken kneift mich die Flipchart und keinen halben Meter vor mir sehe ich die blöde Zimmerecke."

Der Focus schwankt nun nach vorn in Richtung Zweizimmerappartement: „Es zieht mich zu den zwei Zimmern, aber ich komme nicht voran. Es ist, als pralle ich von etwas Unsichtbarem ab, das mir den Weg versperrt." Geld und Ressource schauen einander an und lächeln sich zu. Geld: „Ich will hier weg. Ich schnappe mir die Ressource und will dahin, wo ich den Focus von Ulrike und ihr größeres Appartement sehen kann!" Ich bitte alle, sich noch nicht zu bewegen. Dann bitte ich jemanden, ob er „Das Unsichtbare" verkörpern möchte. Er kommt zwischen den Focus und die zwei Zimmer.

Jetzt soll jeder seinem Bewegungsimpuls nachgeben und einige Schritte tun. Das Einzimmerappartement läuft an den Rand des Geschehens, als wäre es weiter nicht mehr beteiligt. Geld und Ressource haken sich unter, drehen sich um und stellen sich so, dass sie von seitlich Ulrikes Focus sehen können, deren Lauf vom Unsichtbaren gestoppt wurde.

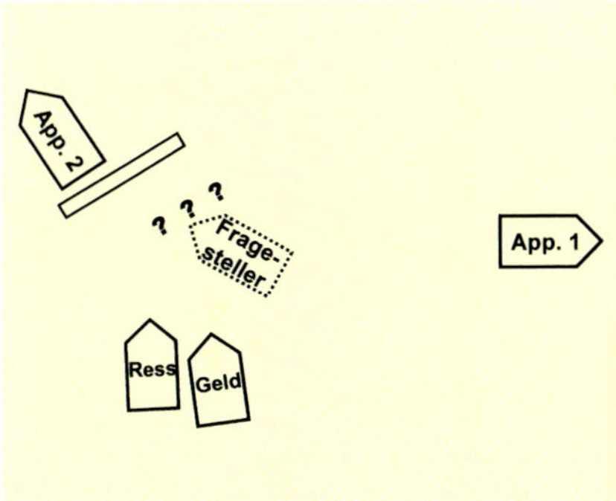

Jetzt wird die echte Ulrike gebeten, den Focus abzulösen und sich persönlich an die Stelle des Zusammenstoßes zu begeben. Nach einer kurzen Zeit der Sammlung heben sich ihre Arme erst zögerlich, dann schlägt sie sie um den Unsichtbaren und sagt bewegt: „Mutti, du hast uns erzählt, der Opa hat dich nicht mal zur Mittelschule gehen lassen und mit uns Dreien hast du nicht mehr arbeiten können und deshalb nie was für dich gehabt, keinen Platz, keine Freizügigkeit, keinen Besitz. Dann bist du verstorben." Auch in der Mutter arbeitet es: „Gönnst du dir deshalb nichts, weil du dir wegen mir Gedanken machst?" Ulrike nickt. „Ich hab das doch alles wegen euch getan. Gerne!", bricht es aus der Mutter heraus, „Nutze doch die Chancen, die du hast und mach was draus. Damit ehrst du mein Andenken mehr als damit, dich zu beschränken." Ulrike schaut erst erstaunt. Dann fällt der Groschen. Die beiden blinzeln sich noch einige Augenblicke an, dann umrundet Ulrike elegant das bisherige Hindernis und steuert zielstrebig auf das Zweizimmerappartement zu. „Wird ja auch langsam Zeit," schnaubt dieses, als sie es aus dem Versteck hervorklaubt. Dann gesellen sich Ressource und Geld dazu.

Die Frage, ob es jedem besser gehe als vorher, wird von allen Vieren bejaht. Auch die Mutter nickt lächelnd. Das Einzimmerappartement winkt ab, bittet darum Platz nehmen zu dürfen.

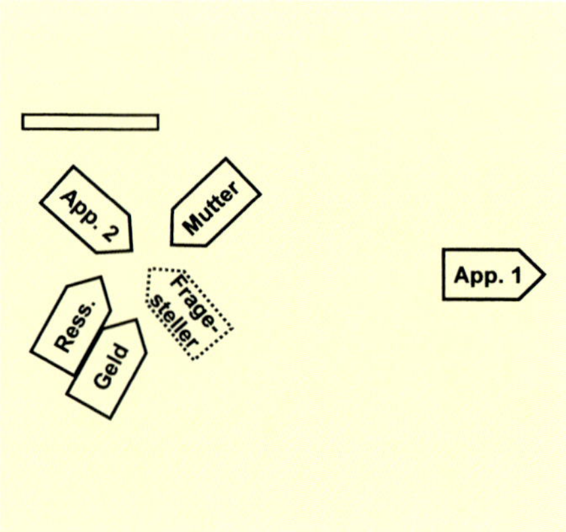

„Es mag jetzt wie eine Binse klingen," meint Ulrike abschließend, „aber es scheint alles meine eigene Kopfbremse gewesen zu sein." Sie lacht.

Organisations- und Familienstellen sind mit den Namen Virginia Satir und Salvador Minuchin, beide aus den USA und beide Mitgestalter der Humanistischen Psychologie, seit den 60er Jahren untrennbar miteinander verbunden. So begann Virginia Satir, seit 1953 Lehrerin, am Mental Research Institute (MRI) in Paolo Alto mit der räumlichen Aufstellung von Familienmitgliedern. Der österreichische Arzt Jacob Moreno führte die „Stellvertretung" ein. Der Begründer der Hypnotherapie, Milton Ericson, lehrte den Sprachgebrauch während der Aufstellungsphase besonders zu beachten. Ivan Boszormeny-Nagy entdeckte die Themen Bindung, Familienvermächtnis und was geschieht, wenn Familienmitglieder vom System verstoßen oder totgeschwiegen werden. Mit dem Namen Helm Stierlin verbindet sich das „Heidelberger Modell": Wir erschaffen mit unseren Geschichten unsere Wirklichkeiten. Bert Hellinger lernte Ende der 80er bei Ruth Mac Clendon und Leslie B. Kadis am Carmel Institute of Family Business das Familienstellen kennen und propagiert es seither in Deutschland.

Eine Familie oder eine Firma sind ein System. Dort herrschen gewisse Ordnungen: Wer hat das Sagen? Wer steht an zweiter und dritter Stelle? Wer ist schon länger da? Die ganze „Hackordnung des Rudels"! Sobald diese (Rang-)Ordnung mittels lebendiger Personen, Stellvertreter, aufgestellt wird, entsteht eine dreidimensionale Skulptur.

Wer im Pergamon-Museum zu Berlin den dortigen Schrein mit den kämpfenden Titanen gesehen hat, weiß, was ich meine. Diese dreidimensionale Skulptur macht das Beziehungsgeflecht zwischen ihren Mitgliedern deutlich. Es zeigen sich alte und neuere Abhängigkeiten, Verstrickungen, Vorlieben, Feindschaften oder Allianzen.

Einmal gestellt, nehmen die Stellvertreter dieses Geflecht von Spannungen unmittelbar wahr. Dabei wissen sie weder allzu viel von den Problemen oder kennen die Menschen, in deren Rolle sie schlüpfen.

Denjenigen, die jetzt Bedenken bekommen: „Ja, aber ich bin sicher nicht sensibel genug, um da was zu spüren", sei gesagt, dass es noch bei allen geklappt hat! Die Skulptur gleicht einem Feld, so wie z. B. unser Physiklehrer ein elektromagnetisches Feld mittels Eisenspänen sichtbar machte. Die Kraftlinien sind für jeden deutlich wahrnehmbar. Das Ganze lebt und entwickelt sich dynamisch fort, sobald es durch die Aufstellung ein Eigenleben bekommen hat. Die Maschine ist sozusagen gestartet und treibt das System vor sich her. Sind die Stellvertreter achtsam, so spüren sie den nächsten Impuls: Mit wieviel Kraft und wohin sie sich bewegen wollen. Kommen sie den Impulsen nach, verändert sich das Feld wie bei einem Mobile. Bewegt man eine Komponente des Mobile, so muss das gesamte Mobile ein neues Gleichgewicht finden. Der geänderte Anteil tritt zu allen anderen Teilen in eine neue Beziehung, und eine neue Dynamik ist geboren. Diese Bewegung setzt sich schneeballartig weiter fort in Betrieb, Familie, Verein, Partei.

Mein Weg zum Reichtum

Als ich neulich an einem Visions-Seminar im Kloster Nehresheim teilnahm, saß neben mir ein Steuerberater und Wirtschaftsprüfer aus einer Kleinstadt im Allgäu, den ich auf Mitte 40 schätzte. An diesem Morgen hatten wir die Aufgabe, Leben und Erfolg Revue passieren zu lassen und unsere „Geldgeschichte" anhand einer Grafik darzustellen. Auf die Mitte des Blattes zogen wir einen Strich. Unterm Strich dokumentierten wir die „mageren Jahre", wo wir im Minus lagen, darüber die „fetten Jahre" des Erfolges und des großen Geldes. Ich schielte heimlich rüber zu meinem Nachbarn. Schon vor dem Abi begann seine Kurve kontinuierlich anzusteigen (weil er damals schon mit Rock-Konzertkarten handelte) und setzte sich über die Jahre im ununterbrochenem Aufwärts fort. (Aha, mutmaßte ich spöttisch, ein Typ à la: „Mein Auto, mein Haus, meine Frau, meine Kids, mein Boot, mein Golf-Handicap"). Dann sah ich ihn seinerseits zu mir herüber schielen. Ich versuchte meine Sägezahnkurve zu verstecken. „Hui," sagte er und pfiff durch die Zähne, „du musst ja ein spannendes Leben geführt haben!" „Tja," meinte ich, „mein Leben, das ist ein Leben voller Wenden."

Tatsächlich zeigt das Auf und Ab meiner Fieberkurve mindestens genauso viele magere wie fette Jahre. Das kommt davon, wenn man als junger Arzt Deutschland verlässt und Stipendiat wird an einer holländischen Drogen-Sucht Einrichtung. Man wird nicht reich, aber es waren u. a. die spannendsten, ausgelassensten und lehr-reichsten (!) Jahre meines Lebens. Das kommt davon, wenn man zwischendurch in Indien meditiert, in der Schweiz Kurse gibt, dann weiter zieht in die USA, um sich in Humanistischer Psychologie fortzubilden, nebenbei dort als Holzfäller und Truckdriver Wildwest Romantik lebt.

Schließlich baute ich das Wellness Resort „Sunrise Springs" im idyllischen US-Städtchen Santa Fe mit auf, das sich auf Entspannung und Coaching von Managern und Führungskräften aus aller Welt spezialisierte. Hier fanden meine ersten wirklichen Begegnungen mit den Leuten des Big Money statt. Ich muss sagen, es gibt sie in zwei Kategorien: Die einen jagen unbeirrbar der nächsten Million nach, und – wenn das langweilt – schließen sie im Club der Milliardäre irgendwelche Wetten ab, wer wen beim Go-Cart Rennen schlägt. Die anderen schlussfolgern nach etlichen Millionen, dass einige weitere Millionen sie auch nicht glücklicher machen. Diese hatten die Illusion abgelegt, dass Zufriedenheit durch Geld komme. Sie hatten begriffen. Sie waren so weit, sich auf die Suche nach Sinn zu begeben.

Für diejenigen aus der letzteren Kategorie war ich ein guter Ansprechpartner und Begleiter. „Sunrise Springs" nutzte bereits Anfang der 80er Multimediale Meditation, Salzwasser-Tiefenentspannungs-Tanks, riesige eiförmige Sessel zur Entspannung im „Cocoon" und Online-Raucherentwöhnung. Ein ganzer Raum stand voll mit diesen für mich neuen Gebilden, die sich „Apple" nannten. Nachdem ich mir deren Funktion hatte zeigen lassen, legte ich los und begann meine Schriftstellerei. Mein Thema: Die Macht der Vorstellungs-Kraft bei Erfolg, Partnerschaft und Gesundheit. Das „Imagineering"® und seine 7 Schritte wurden geboren. Damals sagten meine Freunde mir nach: „Du hilfst den Leuten ihre Träume zu verwirklichen!" („You are a maker of dreams").

Dieses Konzept brachte ich dann 1990 mit zurück nach Deutschland, wo ich nach 15-jähriger Abwesenheit in den Taumel einer großen Wende, der Wiedervereinigung, zurecht kam. Mein Neustart als Quereinsteiger in Deutschland verlief erstaunlich glatt. „Was willst du in der BRD, dort gibt es doch genug Therapeuten," warnten Freunde, „und geh schon gar nicht nach München, da ist der Markt übersättigt. Du glaubst wohl, die warten dort auf dich!" Ich hatte mich jedoch aktiv auf die ersten Jahre mit dem Imagineering® auf diesen Neuanfang vorbereitet, meine Vision stand und entwickelte sich. Die Bücher brachten mich in die Presse, das wiederum half, die Seminare zu füllen und viele Menschen strömten für die folgenden Jahre in meine Ausbildung zum „Imagineering®-Therapeuten". – Es gibt die rechte Aktion am rechten Ort und zur rechten Zeit: Dann entfalten sich die Vorstellungen und werden wahr.

Sie haben jedoch – wie alles im Leben – ihre Halbwertzeit und verabschieden sich schon wieder, da jubeln wir noch und glauben uns auf der Siegerstraße.

Auch das lernte ich bei der Arbeit mit der Imagination. Die Wende zeigte sich durch „Ent-Täuschungen“. Wenn etwas nicht mehr funktioniert und seine Zeit vorbei ist, sollte ich mich nicht an Täuschungen festhalten. Es galt und gilt immer wieder neu zu imaginieren, sich und das Leben stets neu zu erfinden. Hangeln wir uns doch von Vision zu Vision unsere Wendeltreppen hoch!

Während einer ganz großen Wende wurde ich geboren: 1947. Es war das Jahr des Neuanfangs, der Hoffnung und der Währungsreform. Waren viele Deutsche bis 1942 siegestrunken und manisch, so schlug die Stimmung ab Stalingrad bis zur bitteren Niederlage in ihr Gegenteil um: Ein ganzes Volk wurde depressiv! Ab 1947 regte sich vorsichtig ein neuer Optimismus. Wir Kinder dieser Wende leiden einerseits am „hangover“ (Kater) dieses depressiven Erbes, andererseits sind wir die Optimisten und Mutmacher der ersten Stunde.

Es war nicht einfach für mich im Nachkriegsdeutschland groß zu werden, zur Volksschule zu gehen, das Gymnasium zu schaffen, einen Studienplatz zu ergattern … Das erklärt die „Aufs und Abs“ meiner Fieberkurve.

In früheren Kapiteln sprach ich von den vier Ballons, den vier Ebenen des Reichtums; wie schwer es sein kann, sie alle gleichmäßig zu füllen und gleichzeitig in der Schwebe zu halten. Mancher geplatzte Ballon und manche Zerreißprobe – von Erkrankung bis zur Sinnkrise – habe ich schon mitgemacht. Mal erschlafft der eine, mal platzt (fast) der andere, dann liegen plötzlich drei gleichzeitig am Boden …

Dann wurde ich, fast 25 Jahre nach Kriegsende, teil einer weiteren Wendezeit. Viele junge Menschen meiner Nachkriegsgeneration suchten Ende der sechziger Jahre die Ursachen für Kriege, Wirtschaftskrisen und deren politische Folgen zu verstehen. Die „68er" begannen schon ab damals zu begreifen, dass der falsche Umgang mit Geld und Rohstoffen den Reichtum aller in der kommenden Generation bedrohen sollte.

Wieder 25 Jahre später die Jahrtausend-Wende. Wir stehen heute vor besorgniserregenden ökonomischen und ökologischen Schwierigkeiten, vor denen keiner mehr die Augen verschließen kann.

Der Ostblock ist 1990 an seinen eigenen Widersprüchen erstickt. Die Widersprüche im westlichen Wirtschaftssystem sind nicht geringer und ebenfalls ungelöst. Zins, Zinseszins und spekulatives Buchgeld heizen eine latente Wirtschaftskrise an, die bisher – noch – durch Globalisierung und kriegerische Eroberungszüge kaschiert werden kann. Aber wir sind schon ein paar Jahre ins 21. Jahrhundert unterwegs. Es gibt – trotz der Trägheit der gesellschaftlichen Mitte – einen ökologischen und auch einen sozialen Aufbruch. Erst verändert sich die Situation in Wirtschaft und Umwelt, dann das Denken im Lande und dann die politische Landschaft. Es gärt. Es ist Zeit für Neues, Mut zur Veränderung!

Um fit zu werden für den „Neuen Reichtum", habe ich ein Verfahren weiter entwickelt, mit dem jeder sich um seinen materiellen Reichtum kümmern kann, ohne die drei übrigen Reichtümer zu vergessen: Die „Erfolgs- und Geldaufstellung"!

Schon seit geraumer Zeit gehören Organisations- und Familienaufstellungen zu den Maßnahmen eines modernen Coachings und einer, den Klienten aktiv beteiligenden Psychotherapie. Statt die problematischen Situationen zu beschreiben, zu analysieren oder zu erörtern, lässt man sie vom Klienten im Raum aufstellen. In der Einzelsitzung mit Hilfe von Gegenständen; im Seminar mit Hilfe von Freiwilligen, die sich als Stellvertreter zur Verfügung stellen und auf bestimmte, bedeutungsvolle Positionen gestellt werden. In diesem Kraftfeld offenbaren sich die Verstrickungen, Probleme und Paradoxe. Sie werden für alle offen-sichtlich (!), besonders für den, der sie aufgestellt hat und nun von außen dieses Bild aus einer sicheren und neutralen Distanz betrachtet. In diesem aufgestellten System aber schlummert schon die Lösung: Die Bewegung auf die nächst höhere Stufe hin.

Reichtum ist – wie Schönheit – subjektiv. Im 21. Jahrhundert bedeutet Reichtum für jeden etwas anderes. Reichtum ist das, was du dir schaffst: wie du die Ballons zueinander in Relation setzt, wo du deine Komfortzone ansiedelst, wie du dein Optimum bestimmst, wie dein Reichtum den der Anderen unterstützt.

Nach all den Wenden meiner Fieberkurve wurde mir klar, Reichtum ist nicht allein Geld, Beziehungsglück, körperliche Gesundheit und ein fester Glaube (sei es in Gott oder ins Nirwana). Reichtum ist die Fähigkeit, deine Ballons immer wieder aufzupusten, immer wieder fliegen zu lassen; unter allerlei widrigen Umständen, in Kasachstan oder Kuala Lumpur, in Brügge oder Brandenburg. Heute sagen meine Freunde über mich: „Du machst den Leuten Mut zum Reichtum!"

Geld, das heilt!

Neulich wollte ich ein Abendseminar abhalten. Mitglieder einer fortschrittlich, sozialistisch-grün eingestellten Jugendorganisation wollten die Veranstaltung sprengen. Sie nahmen an, ich wolle dem Mammon huldigen und Reichtum predigen, der auf dem Rücken der Dritten Welt verdient würde. Zum Glück konnten wir miteinander reden. Jahrelang hätte mich bei dem Thema ‚Geld heilt!' auch ein ungutes Gefühl beschlichen, da finanzieller Reichtum im Dollar-, Euro- oder Yen-System angesiedelt ist.

Der Haken an allen bisherigen Geldsystemen: Sie arbeiten mit Zins und Zinseszins! Der Zins auf den Zins fällt die ersten Jahre nicht besonders ins Gewicht. Doch steigt nach 20 Jahren der Zinseszins exponentiell an, d.h. er verdoppelt sich ständig und sorgt dafür, dass die ursprüngliche Summe sich im Schneeballsystem lawinenartig vermehrt. Ein Pfennig, den Josef für Jesus bei der Bank angelegt hätte, würde heute die Erde in Gold aufwiegen!

Der Zinseszins bevorteilt übermäßig diejenigen, die größere Geldsummen auf lange Zeit und über Generationen anlegen können: Adel, Kirchen, Bankhäuser und Betriebe, die über mehrere Generationen hinweg im operativen Geschäft bleiben. Man hat ausgerechnet, dass – selbst wenn alle Gläubigen wegblieben – die katholische Kirche, auf Grund ihrer Liegenschaften, Aktien und Kapitalmasse, bis ans Ende der Welt weiter existieren würde. Sie ist wahrlich „ewig". Der Zinseszins spaltet die Gesellschaft in wenige „Gewinner" und ein Heer von „Verlierern".

Doch auch der einfache Zins polarisiert bereits. Nehmen wir an, in einem isolierten Dorf gibt es eine bestimmte Geldmenge. Falls sich die Leute für Saatgut und Maschinen Geld leihen müssen, so werden sie es später mit dem Aufschlag des Zinses zurückzahlen. Auf diese Weise sammelt sich – notwendigerweise – immer mehr Geld bei demjenigen, der das Kapital verliehen hat. Dieser wird immer vermögender, die anderen immer ärmer.

Aus der Geschichte des Geldes wissen wir, dass Zins, Zinseszins und Spekulation die Geldmenge derart aufblähen, dass es immer wieder zu Krisen kommt: Entweder die Wirtschaft bricht zusammen oder . . . man greift zum Krieg.

So war der Kriegsbeginn 1939 deshalb notwendig, weil Hitler seinen Wirtschaftsaufschwung auf Pump finanziert hatte, den er durch sog. „Metallforschungswechsel" decken ließ. Mit Hilfe der Metallforschung – so hoffte er – könne dem Seewasser so viel Gold entzogen werden, um damit die aufgenommenen Staatsschulden zu begleichen. Diese (alchimistische) Illusion platzte schließlich; Hitlers Ausweg: Krieg!

Die Alternative gegen Krisen und Kriege heißt: Schaffung einer zinslosen Währung! Das ist keineswegs eine Utopie, denn es hat solche Beispiele auf regionaler Ebene schon vor langer Zeit gegeben und auch heute gibt es sie wieder.

So reagiert eine Stadt in Österreich auf die Weltwirtschaftskrise damit, dass sie selbst Geld druckte, um damit diejenigen Arbeitslosen zu bezahlen, die – im Zuge einer Arbeitsbeschaffungsmaßnahme – Kanäle bauten. Diese konnten mit dem Regionalgeld beim Bäcker, Metzger oder Schuster ihre Lebensnotwendigkeiten bezahlen. Die Geschäftsleute konnten mit diesem Geld wiederum Ware einkaufen und investieren. Dieses System war so erfolgreich, dass die Stadtväter heute eine große bronzene Tafel aufgestellt haben, auf der sie diese Geschichte verewigten. Die Stadt heißt Braunau, ist u. a. die Geburtsstadt Hitlers, und die Nazis haben „Den Braunauer" beim Anschluss Österreichs sofort wieder kassiert, denn dieses System gab der Region zu viel Autonomie und Freiheit.

Heute, wenn dieses Buch erscheint, gibt es bereits 12 Regionalwährungen in Deutschland. Da gibt es in Bayern den „Chiemgauer" und den „Oberländer", in der bayerischen Hauptstadt den „Regio München", in Bremen den „Bremer Taler". Von dieser regionalen Währung erhoffen sich die Geschäftsleute und Verbraucher eine Stärkung der lokalen Wirtschaft. Die mit Regio bezahlten Produkte liegen im örtlichen Super-

markt, der Angestellte zahlt damit den Zahnarzt, der Zahnarzt den Zimmermann und dieser kann die Produkte mit dem Regio im Supermarkt kaufen. Hier wird ein Gegengewicht gebildet, um der immer weiter um sich greifenden Globalisierung zu begegnen. Statt Gammelfleisch und pestizidverseuchter Lebensmittel wird hier bei der Bevölkerung das Bewusstsein gestärkt, Qualität aus der Region zu kaufen und den nachhaltigen Markt zu stärken. Banken und Supermärkte haben bereits ihr Interesse an einem „Zweiten Geldkreislauf" signalisiert. Es ist gar nicht einzusehen, warum neben dem Euro nicht auch diese Regionalwährungen existieren sollten, vor allem wenn das Regionalgeld 1:1 in Euro einzutauschen ist. Ich erinnere mich noch an einen Urlaub zu Zeiten der DM, wo man im österreichischen Restaurant auch mit DM bezahlen konnte und die Bedienung beim Abrechnen lediglich in ein anderes Fach ihrer Geldbörse griff.

Dieses „Regional-Geld" wird als ein „Zertifikat" von den jeweiligen regionalen Vereinen herausgegeben. Auf Kredite wird kein Zins erhoben, die Bank oder der Verein nehmen lediglich eine Bearbeitungsgebühr. Damit die Geldscheine im Umlauf bleiben, entwerten sie sich alle 3 Monate, es sei denn, sie würden durch eine Art Rabattmärkchen immer wieder aktualisiert. Dies ist der Anreiz, die Regionalwährung am Kreisen zu halten.

(Weitere Informationen zu diesem Thema unter:
www.oberland-regional.de).

So geht es für Sie weiter!

Sie haben sich das Buch nun im Selbststudium erarbeitet. Bitte bekräftigen Sie Ihre Ergebnisse für mindestens 21 Tage (so lange braucht es laut Lerntheorie, bis eine neue Erkenntnis sich im Gehirn einen neuen Pfad „gebahnt" hat), indem Sie sie morgens beim Frühstück niederschreiben, sie immer wieder rezitieren, oder auf eine Kassette sprechen und immer wieder abhören.

Lesen Sie dieses Buch nach 3, 6 und 9 Monaten bitte noch einmal. Schauen Sie dann, welche Bereiche sich bereits verändert haben und an welchen Bereichen sie noch gesonderte Aufmerksamkeit geben sollten.

Persönliche Instruktionen:

Beklopfen

Die Umkehrung nachteiliger Glaubenssätze und Blockaden geschieht elegant durch Beklopfen derjenigen Akupunkturpunkte, die bahnende Wirkungen auf die Psyche haben: Es handelt sich um eine Art Selbst-Akupressur. So steigert sich das Ergebnis von Affirmationen um ein Mehrfaches, wenn zeitgleich der Punkt „Dünndarm 4"(D4) beklopft wird: Diesen finden Sie leicht: Machen Sie eine Faust und schauen Sie sich den Kleinfingerballen genau an; innerhalb der größten der Hautfalten liegt D4. Wiederholen Sie nun jede Affirmation für mindestens 45 Sekunden und stimulieren gleichzeitig D4.

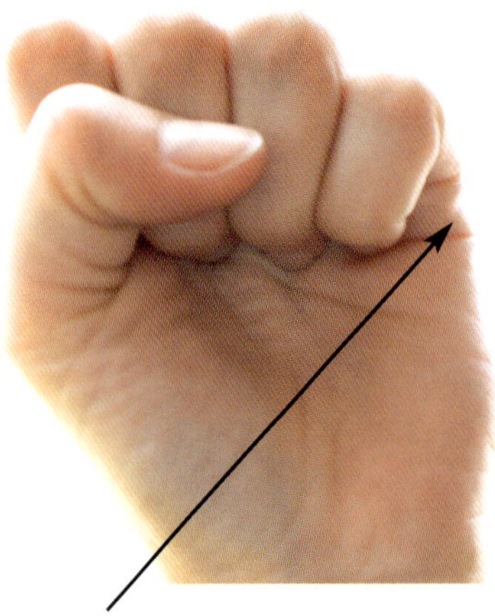

D4

Informieren Sie sich auch über die zahlreichen anderen Punkte der Klopfakupressur.

Biofeedback-Methoden

Widerstände gegen Veränderungen neutralisieren Sie am besten durch so genannte Bio-Feedback-Rückmeldung: Sie sitzen vor einem Computer und mit Elektroden an Armen, Beinen (wie beim EKG) und am Kopf werden einige Ihrer Körperfunktionen (Puls, Hautwiderstand, Sauerstoffsättigung, Atemfrequenz, etc.) abgeleitet und vermessen. Die entstehenden dreidimensionalen elektrischen Felder lassen sich interpretieren und später umwandeln.

Verknüpfen Sie unbewusst Erfolg mit angstmachenden Gedanken, so stimulieren Sie damit Ihr Erregungssystem, den so genannten Sympathicus-Nerv; Blutdruck und Pulsfrequenz steigen.

Mit Hilfe der Bio-Feedback-Rückmeldungen können Sie – zunächst unter fachmännischer Begleitung – Ihre inneren Erregungsmuster abbauen. Sie lernen die eigene unbewusste Psyche besser kennen. Sie nehmen belastete Inhalte wahr und entwickeln Fertigkeiten, sie positiv zu beeinflussen. Auf diese Weise steigern Sie Ihre Eigenkontrolle. Wenn es um Veränderungen von alten und lieben Gewohnheiten geht, so erzeugt das Angst; Angst baut Widerstände auf. Mit Bio-Feedback entgehen Sie den unbewussten, eigenen Blockaden.

Das „Deutsche Zentrum für Imagineering®" e.V. hält ein solches Bio-Feedback-Programm für Sie bereit. Wenden Sie sich an uns, vielleicht können wir Ihnen bereits einen zertifizierten Trainer in Ihrer Nähe nennen.

„Die 7 Schritte des Imagineering"® sind eine von mir in den USA entwickelte Coaching- und Selbstcoaching-Methode.

Sie formulieren Ihr *Anliegen* im ersten Schritt. Mit einem *Wunsch-Drehbuch* visualisieren Sie mögliche Lösungen. Dann drehen Sie einen *inneren Film:* Sie erleben mit, wie Sie sich Ihre Wünsche erfüllen. Das führt zu *Resultaten* (Erleichterung, Freude, Zuversicht, etc.) auf körperlicher und emotionaler Ebene. *Die positiven Effekte werden verstärkt*. Dann formuliert man eine Art positives Stoßgebet, eine *Affirmation*. Auf der siebten, der letzten Stufe, legt man sich dann auf den *ersten positiven Schritt in die richtige Richtung* fest, der in den kommenden 72h unternommen wird. Diese Methode ist in einem Seminar leicht zu erlernen und steht Ihnen dann lebenslang zur Verfügung.

Jahres-Coaching

Sich und seine Geschäfte ein gesamtes Jahr von Leitern und Gleichgesinnten begleiten lassen:

- pro Jahr 4 x eine Aufstellung
- jeden Monat ein Abendseminar
- jede Woche ein Telefonat
- jeden Tag mit Visualisation, Affirmation und Buch aktiv sein

Kurs- und Coachingangebote in München oder in Ihrer Nähe:

- „Mut zum Reichtum", Abendseminar
- „Erfolgs- und Geldaufstellung", Tagesseminar
- „Die 7 Schritte des Imagineering®", Tagesseminar
- „Entspannen und meditieren", Tagesseminar
- „Klar entscheiden", Tagesseminar
- Einzelcoaching „Erfolg und Geld"
- Bio-Feedback-Einzelsitzung: Reichtum, Erfolg und Geld
- Bio-Feedback-Kurs für Erfolgs-Trainer
- CD: Übungen basierend auf dem Buch „Mut zum Reichtum"

Weitere Publikationen von Heinrich Klaus:

„Mut zum Reichtum", CD	€ 24,–
Heilung und Selbstheilung durch Imagineering®, TB	€ 5,–
Immunsystem mental stärken, TB	€ 7,50
Operation ohne Angst, Hardcover	€ 14,–
Operation ohne Angst, Doppelkassetten	€ 24,-
Sonderangebot:	
Operation ohne Angst, Buch und Kassetten Doppelpack	€ 28,–

Diese Werke sind nur über das Institut zu bestellen; zuzügl. 3 € Versand.

Name/Titel: **Dr. med. Heinrich Klaus**

Information: **Deutsches Zentrum für Imagineering e.V.**
Humboldtstr. 19
81543 München
Tel 089 655 655
Fax 089 656 675
www.ct-drklaus.de
www.imagineering.de

Buchung: **Tel/Fax 089.35 65 72 75**
Mail: **drhklaus@aol.com**